NO
NOS REPRESENTAN

PILAR_VELASCO

NOS REPRESENTAN

EL_MANIFIESTO
DE_LOS_INDIGNADOS
EN_25_PROPUESTAS

temas'de hoy.

El papel utilizado para la impresión de este libro
es cien por cien libre de cloro
y está calificado como **papel ecológico**

Ediciones Temas de Hoy es un sello editorial de Ediciones Planeta Madrid, S. A.
Paseo de Recoletos, 4. 28001 Madrid
www.temasdehoy.es
Primera edición: julio de 2011
ISBN: 978-84-9998-041-6
Depósito legal: M. 26.206-2011
Preimpresión: J. A. Diseño Editorial, S. L.
Impresión: Unigraf, S. L.

Printed in Spain-Impreso en España

Índice

A quienes dijeron «ellos tienen
el poder, nosotros somos más»

Gracias al profesor Juan Carlos Monedero.
A Agustín, Elena, Eneritz y Gonzalo.
A Jaime, Juan y Ruth.
A mi familia

Prólogo

¡TOMA LA CALLE!

por Aida Sánchez (portavoz de Democracia Real Ya)

Jamás hubiéramos imaginado que el mundo entero nos miraría después del 15 de mayo del 2011.

Tras cuatro meses de intenso trabajo, comenzamos por articularnos (no hay que olvidar que nadie se conocía, éramos entes internautas), continuamos con debates interminables elaborando nuestro manifiesto y formulando propuestas, aquellas que conseguimos consensuar y que hoy en día son el referente para miles y miles de personas no solo en España, sino en el mundo entero, y pasando por esos procesos eternos de asamblearismo que son la mayor fuerza de nuestro movimiento, en términos que nos hacían pensar en una ¡Democracia Real Ya!

Finalmente llegó el día: «15 de mayo: ¡toma la calle! No somos mercancía en manos de políticos y banqueros».

La manifestación estaba convocada en más de sesenta ciudades españolas a las 18 horas. Nosotros estábamos en Cibeles a las 17 horas: había que organizarse..., nervios, tensión, histeria, pero a la vez mucha ilusión.

Al fin veríamos materializados todos esos meses de trabajo y todas esas horas sin dormir.

Las 18 horas, y de repente comienza a llegar gente y más gente y más y más gente. Todos ellos con sus mejores carteles, sus consignas, todos y cada uno de ellos muy indignados y con ganas de gritar bien fuerte: «¡Democracia Real Ya!».

Nuestras propuestas, en las que estuvimos trabajando durante días y días, parecía que veían la luz el 15-M. Nuestras propuestas eran las propuestas del pueblo: las veíamos en cada uno de los carteles que espontáneamente habían llevado los ciudadanos y ciudadanas a la manifestación. ¡Primer objetivo cumplido!

Lo demás ha sido una auténtica vorágine, una verdadera sublevación ciudadana.

Al fin el pueblo grita las injusticias a las que está sometido y abarrota los lugares públicos (hemos tomado las calles, las plazas y los barrios), esas ágoras improvisadas donde se comparte desde el respeto cualquier opinión... Es como una especie de terapia de grupo. ¡Esto era TAN necesario como el respirar!

En Democracia Real Ya (DRY) seguimos trabajando cada día, codo con codo, por el desarrollo eficaz de estas propuestas, pues no queremos que se quede solo en reivindicaciones. Asesorados por las distintas adhesiones que tenemos, como puede ser el comité científico de ATTAC (Asociación por la Tasación de las Transacciones Financieras y por la Ayuda a los Ciudadanos), abogados, periodistas y un largo etcétera (todos ellos miembros de la plataforma de coordinación de grupos pro movilización ciudadana DRY), se articulan mecanismos viables para que estas propuestas sean finalmente la solución a este desbarajuste social, económico y político. Y es que NO NOS REPRESENTAN.

En este libro, de mi compañera y periodista Pilar Velasco, se recogen estas propuestas y otras muchas que se han estado trabajando desde las diferentes asambleas a lo largo del país. Es realmente importante e imprescindible que se entienda que el pueblo está trabajando en objetivos concretos, que esto no es solo una protesta callejera; este movimiento es mucho más, pues con él se pretende un cambio total del sistema político y financiero de este país e incluso del mundo entero.

Quién nos hubiera dicho que aquella tarde de mayo sería el principio de un levantamiento de la ciudadanía mundial, cuya base es el respeto, la transparencia, el asamblearismo, el consenso y la no violencia... Quién nos hubiera dicho que esto que articulábamos en internet sería la mayor movilización ciudadana que jamás haya tenido este país.... Quién nos hubiera dicho que nuestros sueños revolucionarios —para algunos, como es mi caso, desde la infancia— se harían realidad....

Estamos construyendo entre todos un auténtico mundo mejor.

Gracias, Islandia; gracias, Grecia; gracias, Túnez; gracias, Egipto... Gracias a todos los pueblos del planeta que luchan o han luchado para que sus hijos y abuelos tuvieran una vida digna... ¡GRACIAS!

Seguimos caminando, disponemos unas propuestas, tenemos conciencia social, nos avala la dignidad, sigamos cogidos de la mano hasta que consigamos nuestras reivindicaciones.

¡Salud, Resistencia y Valor!

Introducción

Movimiento 15-M, irrumpen los indignados

«Este es un mensaje anónimo para la clase política española.
Se lo advertimos, ¿creían que engañarían a todo el mundo siempre?
Parece que no han entendido nada»
Anonymous

El 15 de mayo la plataforma Democracia Real Ya convocó una manifestación en 60 ciudades españolas. En la Puerta del Sol, quienes fueron a la plaza aquel domingo compartían el lema más rotundo de los últimos tiempos: «No somos mercancías en manos de políticos y banqueros». Conocían los abusos y desmanes del sistema financiero y un espectro político cuyos errores no dejan de pagar ellos. Pero además de conocerlos, los habían identificado. El recorrido fue un éxito. Hasta la noche. Al final de la marcha, un gran corro de jóvenes improvisó una sentada pacífica en Callao. Llegaron los furgones, las cargas policiales... Se llevaron a 24 detenidos. Las carreras nocturnas de los manifestantes desperdigados confluyeron en Sol. Indignados. Porque más de 100 000 personas salieron a decir «el sistema no funciona», y el sistema les respondió como siempre. Esa primera noche, unos cuarenta jóvenes se sentaron en el asfalto del centro de Madrid como reacción a las cargas. Con unas cuantas mantas y sacos de los que vivían más cerca, decidieron no moverse de allí hasta un día señalado en la agenda de los gestores de la política: el 22-M, fecha de las elecciones autonómicas (la cita con quienes ellos consideran responsables de un embargo político). Lo escribieron en los muros: «Si no nos dejáis soñar, no os dejaremos dormir». Esa madrugada, los candidatos descansaban sin saber que a la recta final de la campaña electoral le quedaban apenas unas horas. Sus mítines de cierre fueron hackeados por los mensajes de la Puerta del Sol. Las proclamas de los partidos sucumbieron a la multitud indignada de la plaza. Estaban avisados: si no nos dejáis soñar...

Los ciudadanos buscaban una señal. No sabían si ese «no poder más» o «no entender nada» era algo personal o colectivo. Las placas tectónicas del descontento estaban a punto de crujir. Si alguien esperaba una irrupción tranquila, se equivocó. Y si algún partido político pensó que no iba con ellos, qué decir.

Los primeros acampados se quedaron en Sol a pesar de las presiones policiales. Entonces, una joven llama a un abogado: «Dice que por aquí pasa la Cañada Real, legalmente nos podemos quedar tres días». Gritos y aplausos. La mañana del lunes 16, tras los primeros rayos, el kilómetro cero de la capital amaneció con los mismos grupos de turistas, compradores de ensaimadas en la Mallorquina, productos *fake* del top manta y unos chicos que hablaban de política... Para protegerse del calor de la mañana, ataron un toldo junto al Oso y el Madroño. La primera lona, apenas un refugio, con resonancias de zoco árabe y funcionalidad austera: era el inicio de la República de Sol. Una frase, que después aparecería repetida en carteles del campamento, parecía haber guiado a los primeros acampados: «No sabía que era imposible, fue y lo hizo». Una vez más, hubo algo esencial para que todas esas casualidades se juntaran: la ausencia de miedo y el cambio de la despreocupación por la esperanza. Ellos deseaban trabajar juntos y la policía, que no molestaran demasiado. «Quedaos, pero sin tiendas», advirtieron. ¿Sin qué? Igual no se les había ocurrido, pero ya tenían la idea. Al rato, había una.

Por la tarde acudieron más de setecientos jóvenes molestos con la respuesta policial. En la Asamblea General hablaron del trato que habían recibido los detenidos en comisaría. Los menores, según contaron, no pudieron avisar a sus familias. Con el fragor del relato, aproximadamente cincuenta de ellos se quedaron a dormir al raso. A las cinco de la mañana, cuando los medios ya se habían ido, la policía procedió al desalojo. Les arrastraron por el suelo, les golpearon y se llevaron en furgones a unos ocho. En total, un detenido. Por la mañana, denunciaron los hechos. «Aunque vengan con esta brutalidad, vamos a seguir. No se puede prohibir estar en una plaza pública, la indignación es demasiado grande y le daremos continuidad.» A esas horas, Spanish Revolution era ya un *trending topic*, lo más retuiteado en las redes sociales.

Los que salieron el 15-M, dos días después, reaccionaron al desalojo y abarrotaron Sol. Hasta ahí, la escena la habíamos visto antes. Pero el discurso es virgen. Están diciendo alto y claro, megáfono en mano, subidos a tarimas improvisadas: «Esta democracia no nos representa». Miles de personas escuchan el discurso y otros juntan cuerdas y rollos de cinta aislante, estiran unas lonas azules por el suelo... El sigilo atento de la plaza y los comentarios susurrados de la gente los delatan. Se diría que están hablando en serio. «Estamos aquí para buscar una salida a esta democracia respaldada por los mercados y no por nosotros.» Al tiempo, unos cuantos cruzan unas cuerdas a través de las patas de bronce del caballo de Carlos III; de ahí a una farola, luego a otra. «Nos quedamos porque queremos alternativas a la crisis.» Se alzan las lonas, se atan más cuerdas. Ciudadanos a los que el Centro de Investigaciones Sociológicas tildaría de clase media gritan: «Este sistema lo vamos a cambiar». Y cuando en la plaza la gente se dispersa, se oye a una joven al megáfono: «No os vayáis, que luego vienen y nos pegan». Los hijos del bienestar, activistas espontáneos de la democracia, estremecían. ¿Quién podía dejarles allí?

En aquel *martes mágico* empezaron tomando el suelo de la plaza. Se cubrió de cartones, bolsas de reciclaje y aparecieron las primeras cartulinas de un conato logístico que arrancaba esa noche. Sobre una se leía: «Necesitamos mantas, agua, guantes, lejía, serrín, bolsas de basura, lonas, coches, furgos, túpers, medicinas». La iluminación sobre la estatua ecuestre se usaba para colocar un esquema incipiente de comisiones: infraestructuras, comunicación, agua y comida.

La necesidad de expresarse inundó los rincones de la Puerta del Sol. En los callejones, todavía poco transitados, sentados en círculo y en voz baja para no despertar a los vecinos, debatían de economía en Preciados o de arte en la calle Carretas. Cada pared o cartel publicitario, cada farola, la entrada del metro, los andamios y los escaparates de las tiendas contaban las historias y demandas de esa enorme red que ya era movimiento sin saberlo. Como en un cuadro cubista, una mirada diferente decía lo mismo que la otra. Sin haber pensado antes dónde estaban las distancias y dónde los encuentros, cada pancarta que se colgaba se escribía en compañía y cada lema formaba parte del relato social que se armaba en la calle. Uno siempre parecía desear haber escrito el mensaje del otro. Como si se fuera a abolir el dinero en aquel instante, o el trabajo obligatorio al día siguiente, como si quedaran apenas siete días de plazo para arreglarlo todo, nadie tenía «nada más» que hacer que estar allí. Sol era el sitio, la urgencia y el momento. Moverse resultaba imposible. Estaban en plena construcción de su propio Gobierno. Reyes sin súbditos que no volverían a pedir permiso en mucho tiempo, tal vez nunca más, quién sabe, para estar en la calle. La noche era especial y transcurría con cierta calma, con la prudencia de evitar los ruidos y el alcohol para no dar excusas a otra posible carga policial. Apenas unas decenas de móviles tuiteaban el rum rum con los primeros *hashtags*. Se notaba la importancia de estar dentro, desde fuera. A cada mensaje con referencias a @acampadasol —cuenta del campamento en Twitter—, se multiplicaban los seguidores de la cuenta propia. A cada #15M, #spanishrevolution, #acampadaensol, #yeswecamp, seguían decenas de retuits, preguntas, consejos, agradecimientos. Bastaba con decir cómo iban las cosas y en la red más rápida de mensajes breves pasaban a ser *trending topic* en Madrid, Valencia o Barcelona.

Desde el principio, estos flashes con instantáneas adjuntas, uno a uno, revelarían mejor que ningún otro medio qué era el 15-M y movían la protesta hacia un sentido u otro.

Había que inventárselo todo y organizar el tráfico interno de la plaza, ocuparse de los más mínimos detalles del nuevo orden. Y como los tiempos de la vida oficial eran ajenos al campamento, la Asamblea General arrancó a las cinco de la madrugada. Entre las votaciones, manos en alto con giro de muñeca, una decisión que se repetiría infinidad de veces: nos quedamos. Y en la red: #nonosvamos.

En menos de veinticuatro horas, en la Puerta del Sol se crea la estructura más compleja de comisiones y grupos de trabajo que se haya conocido en una movilización. Dieciocho comisiones se encargan del mantenimiento logístico de la acampada. El modelo que más tarde copiarían —siempre en menor escala— en decenas de sitios. El mapa era el siguiente. La comisión legal, con unos cien abogados vinculados al campamento y más de una veintena que rota en cinco turnos para cubrir el día. El interlocutor de la Delegación de Gobierno (el inspector de policía 15-M, como se autodenominó el agente de enlace) hablaba con ellos cada día. Los abogados llevaban el proceso penal contra los detenidos, además de dotar de un marco jurídico a las propuestas con el fin de trasladarlas a instituciones y gobiernos autonómicos (derecho de petición, iniciativas legislativas populares...). Más tarde asesorarían a las asambleas de pueblos y barrios, a todas las acampadas del Estado sin comisión legal, a cualquier país salpicado de tiendas de campaña.

Para comer, la comisión de alimentación recibe las donaciones, la mayoría de restaurantes y comercios de la zona, o de particulares, como tres toneladas que llegaron de Burgos. En infraestructuras se organiza la limpieza: montan los contenedores de reciclado; barren las plazas —no dejaron de hacerlo ningún día, incluidas las madrugadas—; albañiles, arquitectos y aparejadores levantan y reparan las carpas; los electricistas montan el tendido de la plaza, una línea de teléfono interno que conectaba las comisiones, etc. La cartografía creció tanto que el comité de información no daba abasto con la agenda diaria de asambleas, además de recoger las propuestas aprobadas —cientos de actas— y las firmas de apoyo. En comunicación, los portavoces concedían entrevistas a radios, televisiones y periódicos: del *Washington Post* a Al Yazira; de la RAI a CNN; del *Newsweek* al *New York Times*. No hubo país al que no tuvieran que atender en las tiendas: llegaron medios de Suiza, Hungría, Finlandia, Inglaterra, Polonia, Argentina, Uruguay, Chile, Venezuela... y agencias que rebotaban la información a otros tantos países. Los medios dentro del 15-M eran la referencia de los convencionales, como demostraba esa portada del *Washington Post* con una imagen de Sol TV —un canal que emite en *streaming* la vida de la plaza las veinticuatro horas.

La comisión de la zona infantil cuidaba a los niños: los identificaba con el número de teléfono de sus padres al entrar y podían estar hasta las 20.00 horas. La comisión de dinamización se encargó de moderar las asambleas: se reunían por la mañana, elegían al moderador y hacían equipos para tomar acta y anotar los turnos de palabra. En enfermería estaban preparados para lipotimias o desmayos y los fisioterapeutas daban masajes debido a las lesiones por tantas horas de pie trabajando en la plaza.

La arquitectura de la revolución ética también se levantó sobre los muros. Todo en *la ciudad de Sol* irradiaba la explosión del 15-M. Llegaron a decir que lo que allí ocurría era más un aullido que la defensa de un ideario. Y ahí estaban los *post-it*; «Listado de 55 políticos imputados por corrupción con nombres y apellidos», «¡Basta ya!», «No falta dinero, sobran ladrones», «Insumisión fiscal de las pymes», «Sentido común y empatía», «Calladito estoy más guapo, prefiero ser feo y que me escuchen», «A Rajoy y a Zapatero, que les voten los banqueros», «Si quisiera molestar, ya os habríais dado cuenta», «No soy esclavo de los políticos, ¿tú?», «Juventud, ¿divino tesoro?», «Organiza tu rabia», «Yo me quedo», «Una altra manera de pensar és possible», «Sin tu voto, no son nada», «Error 404 democracia not found»...

El espíritu del recién bautizado «mayo español» inauguraba una manera diferente de discutir. Sin gritos o imposiciones, sin pisarse los turnos de palabra. Se trataba de llegar a acuerdos con la responsabilidad de dotar de contenido las propuestas. Dar ejemplo. Demostrar que lo que pedían era posible: democracia real, horizontal, pacífica y de consenso. Política contra políticos. Cada denuncia del discurso de los indignados exportaba una alternativa de cara al exterior. Porque, si las asambleas populares multiplicaban por cuatro el número de diputados del Parlamento y llegaban a acuerdos, ¿cómo explicaban los parlamentarios algunas de sus sesiones de control?

Los once grupos de trabajo —cada uno con varios subgrupos—, reunidos hasta dos veces al día y en asambleas que duraban en torno a cuatro horas, sustituían a los 17 ministeriales del Gobierno. No había materia que no tuviera su corrillo organizado de discusión: educación, política, sanidad, economía, derechos de los animales, medio ambiente, sociología, cultura... Las decisiones llegaban a la Asamblea General, donde se aprobaban por mayoría. Las actas, una vez organizadas, pasaban al grupo de informática, que las colgaba en la red social de la acampada (https://n.-1.cc/), pensada para la coordinación de las comisiones entre sí y con el mundo exterior.

El miércoles 18 de mayo por la noche, el inmenso cartel publicitario de L'Oreal se cubrió de pancartas. Recortaron la marca del champú para sustituirla por un «democracia-real»; el despliegue de la imagen de Hitler con orejas de Mickey Mouse, brazo en alto, coronado con el signo del euro y el letrero de «No nos representan» emocionó a la plaza. Más tarde, «People of Europe, rise up», y así, una tras otra, caían como fuegos artificiales en el mural improvisado del 15-M, el retrato de la #worldrevolution.

Los ciudadanos concentrados en Sol, imparables incluso por la Junta Electoral que declaró ilegal el campamento, pusieron en jaque la campaña con más credibilidad que los mítines de los candidatos, preocupados únicamente por cómo podía influir la movilización en las urnas y sin percibir que la proyección del 15-M iba mucho más allá de sus comicios. El viernes 20 de mayo, el reloj de Sol dio las campanadas marcando la jornada de reflexión. La plaza, con más ciudadanos que nunca congregados, celebraba el éxito de haberlo conseguido. La imagen era única. Lágrimas, emoción, un minuto de silencio que no termina para romper en aplausos y abrazos. La plaza ondea un «la voz del pueblo no es ilegal». Más silencios, aplausos y manos que tiemblan en el aire. «Se acabó la Transición», gritaron algunos llorando de alegría, como si realmente algún tipo de régimen hubiera terminado. ¿Fin de la Transición? ¿Cómo habíamos llegado hasta aquí? ¿Podían, por fin, los jóvenes y el resto de las generaciones exigir una democracia más sólida que la de aquellos años? Parece que sí. La legitimidad, al menos, estaba de su parte.

El miedo a los que no lo tienen

«Nuestros sueños no caben en vuestras urnas»
(pancarta colgada en la comisión de Bellas Artes,
campamento de la Puerta del Sol)

El miedo fue la primera reacción. Lo tuvo el vicepresidente de Gobierno y ministro del Interior, Alfredo Pérez Rubalcaba, que intentó reducir la respuesta de los jóvenes en la calle a una cuestión de orden público en un contexto complicado. Se encontraba a cuatro días de unas elecciones, en plena pugna oculta con una ministra por la sucesión y jugándose su futuro político. La respuesta fue la más torpe que podía haber dado. Quizá la única que podía dar ese PSOE noqueado por los recortes y el paro. Tuvo miedo el Partido Popular, porque le recordó lo ocurrido el 13-M tras la explosión de los trenes en Madrid. Justo cuando la victoria era inminente se rompía la tranquilidad de la rutina. ¿Volverían a desdecirse las encuestas? Tuvo miedo Izquierda Unida, porque les pilló dentro del salón de juego electoral y no a pie de pancarta. Tuvieron miedo los medios, incapaces de situar la noticia en el contexto convulso de los tiempos. Y los jueces, al saber que prohibían lo imposible, pues pretendían vaciar las plazas de ciudadanos hartos de tanto miedo.

Veníamos, además, de las elecciones más aburridas de los últimos años, donde coincidían la poca brillantez de los programas y el interés de los partidos en pasar de puntillas por la campaña. El mensaje del 15-M irrumpe con fuerza porque destapa la agenda del malestar, aquellos asuntos que habían decidido apartar de la discusión electoral y son los que realmente preocupan a la gente. Corrupción, tiranía de los mercados, falta de democracia interna, incremento de las desigualdades, carga sobre los trabajadores del precio de los recortes, los desahucios... La lógica es flagrante: si nos piden el voto y no hablan de nosotros, ¿en qué nos representan?

El seguimiento del Gobierno a las medidas provenientes de Europa tampoco generaba expectativas de mejora respecto del futuro. La situación de Portugal, Irlanda o Grecia, al no recibir críticas desde el PSOE, parecía un escenario autorizado. Cinco millones de parados, una economía estancada, las amenazas de rescate de Bruselas y del Fondo Monetario Internacional, el pulso empresarial con Gobierno y sindicatos (retrasando cualquier medida de solución) o el estallido de la burbuja inmobiliaria sin resolver explicaban el relevo del PSOE al PP. ¿Por qué votar la copia teniendo el original? Fue la reflexión más repetida en el análisis de los comicios. Mal hicieron algunos en no escuchar las encuestas del Centro de Investigaciones Sociológicas; el paro, la crisis y la clase política eran percibidos como los principales problemas del país.

Las elecciones municipales, para el 15-M, son un capítulo más de su propia secuencia excepto porque su lectura tiene que ver con Sol: si sumamos el voto nulo y en blanco junto a la abstención, da mayoría absoluta. El órdago está echado.

En la segunda semana el 15-M extiende las acampadas en más de cincuenta ciudades españolas. Pero el miedo de las instituciones continúa. Las cargas policiales en Barcelona ponen en evidencia la actuación de los Mossos d'Esquadra, que, junto al consejero de Interior Felip Puig, justifican la brutalidad, los 121 heridos, con la limpieza de la plaza horas antes del partido del Barça en la final de la Champion League. Una cámara de televisión conectó en directo a los espectadores con los porrazos a familias y jóvenes sentados en el suelo. La reacción fue inmediata. Las plazas de toda España se llenaron de indignados en solidaridad con Catalunya y en Madrid se escuchó durante horas un grito de apoyo histórico y sincero: Barcelona, no estás sola.

Mientras los gobiernos no saben reaccionar al 15-M y pasan de la represión a la parálisis, en Madrid arranca la fase de expansión. Las asambleas de barrios y pueblos, con reuniones en Sol para compartir objetivos, llegan a más de un centenar de municipios, incluidos los barrios de mayor renta per cápita, que tampoco se resisten a juntarse en las plazas. De vecino a vecino, poco a poco, se traza la continuidad del movimiento, que a su vez camina por Europa.

Los miles de jóvenes exiliados por motivos económicos protestan en las embajadas españolas de los países donde residen. Los medios europeos editorializan los acontecimientos un día tras otro. En pleno centro de Londres, españoles y londinenses se reúnen en Trafalgar Square. Allí, carteles con los lemas de Madrid: «Unidos por el sentido común» o «Real Democracy Now» y la traducción del «If they don't get us dream, we won't let them sleep» o «People of Europe, take the streets». La crítica a los rescates estaba presente, «Islands for sale. Buy 1 get 1 free». Frente a la National Gallery, se repiten los minutos de silencio y el júbilo con las manos en alto, «que no, que no nos representan». En París, unos 5000 ciudadanos toman la Bastilla, españoles inmigrantes y franceses indignados en apoyo a las acampadas de España. El imperativo de Stéphane Hessel se traduce en dos pancartas. Sobre las escaleras de la Ópera de la Bastilla despliegan una con el lema «Democracia Real Ya». Y al otro lado: «París Despierta». En la Ópera, paradojas de esta #europeanrevolution, representan *El crepúsculo de los dioses*.

En Grecia llega a la plaza Sintagma de Atenas. La convocatoria se hace por internet y, como ocurrió en la plaza Tahrir de El Cairo, en pocas horas el Parlamento está rodeado por la multitud del 15-M griego. Y desde Europa, el *Yes, We Camp* prende en Estados Unidos... España ha desatado la indignación contra los abusos de la crisis en el mundo. El contagio demuestra que la ciudadanía estaba esperando respuestas más sinceras a problemas que tenían que ver directamente con ellos.

La tormenta perfecta de la indignación

«Somos hijos de la comodidad, pero no vamos a ser padres de la indiferencia»
(pintada en la valla de la esquina de Sol con Arenal)

La intuición de que la manifestación del 15-M iba a ser masiva se palpaba en el ambiente tres días antes. El 12.05.11 —como escriben sus fechas en las convocatorias— un grupo de ciudadanos hace una *performance*, un *flashmod*. Pasean por Sol y caen desplomados en el suelo. Sobre el pecho de las víctimas fingidas reposa un cartel: «Sacrificados por los mercados». En Barcelona, otro grupo simula heridas en brazos y piernas, falsos charcos de sangre, y un chaval al megáfono increpa a los no heridos por saturar la Seguridad Social. «Mi madre parió mejor que yo», teatraliza una joven aparentando un parto. En la Universidad de Filosofía y Letras de Madrid decenas de estudiantes, muchos de Juventud Sin Futuro, se encierran para preparar su respuesta a la privatización de los planes de estudio y la manifestación de Sol. Son reacciones desordenadas de una inquietud que venía de antes y se precipitaba sin freno hacia el domingo. Pero ¿de dónde venía?

En la misma fecha, un año antes, 12.05.10, el presidente del Gobierno anuncia el mayor recorte social de la historia de España. Zapatero, hundido en su escaño, parecía querer decir: «Yo no quería». Pero lo hizo. El hachazo social congeló las pensiones de 6 millones de pensionistas; a 3 millones de funcionarios les restaron el 5 por ciento de sus salarios; más de 13 millones de españoles tuvieron que hacer cálculos sobre un 20 por ciento menos de su jubilación; más de 1 millón de familias al completo en el paro dejarían de recibir subsidios extras; pasamos a ser cinco veces más pobres que la media europea.

Desafección, desentendimiento, desconfianza y cabreo. Desde ese día, el Gobierno es incapaz de explicar qué está pasando y por qué cuanto más obedece a Europa, peor está el país. Ante las preguntas: «¿Qué hacéis? ¿A quién obedecemos? ¿Son los mercados? ¿Bruselas? ¿Merkel? ¿Nuestros números rojos?», la única respuesta es el silencio. Y desde la oposición no hay más alternativa que el ataque. La ruptura del diálogo entre el poder y los ciudadanos es definitiva.

Las razones para la obediencia política estaban desapareciendo desde hacía meses. Una ciudadanía fragmentada, obligada a competir despiadadamente en el mercado, refugiada en libros de autoayuda, en ausencia de respuestas colectivas, iba acortando los lazos con sus representantes políticos. Se sabía que algo tenía que ocurrir, pero no cuándo. En cualquier caso, los pueblos nunca esperan a los teóricos, y los internautas, mucho menos.

Cuando el hielo se rompe es imposible predecir las direcciones que toma. Pero sobre ese nuevo hielo quebradizo permanecen las marcas de procesos anteriores que fueron alimentando este salto. No hacía falta saber que habían existido esos movimientos. Pero sin ellos difícilmente se podría haber dado. El primero fue hace cuatro años. Los manifestantes del 15-M que reprocharon a Zapatero gritándole «Nos fallaste» habían trenzado un hilo conductor desde la noche electoral del 13-M en la calle Ferraz de Madrid a las protestas de Sol. Primero le habían dicho: «No nos falles». Es decir, saca las tropas de Irak, no nos dejes sin trabajo, no nos hagas volver a casa, haz una política de vivienda social, aumenta las libertades civiles, acaba con las becas basura, no privatices la universidad... En definitiva: «Zapatero, no nos vendas». El 11-M convocó a una generación que ya no tenía miedo.

El movimiento V de Vivienda recordó a la sociedad que irse de casa se había convertido en una misión imposible. El alquiler costaba lo mismo que una letra, lo que invitaba a crear una sociedad de propietarios con el mileurismo como referencia salarial de este país. Su nombre venía del cómic de Alan Moore y de la película de James McTeigue, donde un nuevo Anonymous terminaba volando la casa de los diputados ingleses al ritmo de la *Obertura 1812* de Tchaikovsky. En mayo de 2006 el movimiento se concentró en la Puerta del Sol, fue al Congreso y marchó por Madrid durante horas hasta que fue disuelto por la policía.

Los universitarios se movilizaron contra el Plan Bolonia, al que consideraron como un proceso de privatización de la universidad pública. En 2010 decidieron crear un colectivo que englobase a jóvenes de dentro y fuera de las aulas: Juventud Sin Futuro, que exhortaba a salir a las calles el 7 de abril. «La precariedad, la deficiente representación política, los recortes sociales o las expectativas vitales bloqueadas no tenían nada de natural, eran el resultado de un sometimiento de la política democrática al poder económico privado (...). Una generación que, habiendo sido ya enterrada como perdida por las élites políticas y económicas, supo pintarse de amarillo para que nadie pudiese pretender no verla.» En su página web volcaron el contenido de meses de trabajo, un decálogo de reivindicaciones. La primera decía: «Exigimos nuestra salida de la crisis». La movilización fue un éxito, más de cinco mil personas apoyaron a estos jóvenes que protestaron de amarillo por las calles.

Esta juventud indignada estaba haciendo el trabajo de sus mayores. Pedían la derogación de la reforma laboral y de las pensiones, la revisión del marco contractual vigente, la paralización de los recortes en la educación, un alquiler social universal, o una reforma fiscal eficaz y progresiva, de manera que «quien más tiene más pague». Exigieron, además, una comisión de investigación en el Congreso para identificar a los culpables de la crisis. No es gratuito que su lema fuese: «Sin casa, sin curro, sin pensión, sin miedo». Si hace un siglo diez personas podían reunirse para organizar un partido político, cien años después hacen falta el mismo puñado de personas, pero el instrumento es una fluida comunicación en las redes sociales. Sobre esta base, Democracia Real Ya tuvo la virtud de ir abriendo su propuesta sin perder la horizontalidad. Cuando crearon la plataforma de coordinación de grupos por la movilización ciudadana, permitieron que multitud de grupos se sumaran y así consiguieron aglutinar sensibilidades diferentes. Desde el grupo de Facebook y algún encuentro físico, marcaron la fecha del 15 de mayo. La plataforma se abrió para acoger a quien quisiera sumarse. A diferencia de un partido, no hacían falta ni locales, ni teléfonos, ni transportes. Ni siquiera material de oficina. Todo es gratis.

Los enemigos de la ley Sinde utilizaron la estructura de la red para armar una revuelta social que apenas ha costado mil euros. El apoyo de algunas organizaciones, grupos y redes de internautas permitió que la propuesta del 15 de mayo tuviera una gran repercusión, convirtiéndose en la fecha de todos.

Si las últimas protestas de la izquierda reclamaban mayores cuotas de libertad, la principal exigencia del movimiento es la igualdad. Por eso, la corrupción o el diferente trato a banqueros y desahuciados, a grandes empresas y autónomos, a políticos y ciudadanos de a pie, se convertía en una bandera compartida de rabia. El contraste es sencillo: al tiempo que unos estaban perdiendo derechos, otros estaban ganando privilegios. Lo que cada vez era más difícil para el conjunto de la población parecía más fácil para una minoría. ¿Cómo explicar que grandes ejecutivos cobren bonos cuando se está rescatando a los bancos con dinero público? ¿O que centenares de miles de personas pierdan su casa por malas gestiones de banqueros que no reciben ningún tipo de castigo? ¿Cómo explicar que el peso de la ley y el aparato del Estado caigan con fuerza sobre los particulares al tiempo que imputados en casos de corrupción puedan presentarse sin problemas a las elecciones? ¿O que ciertas empresas que declaran enormes beneficios anuncien al mismo tiempo despidos masivos en sus plantillas? En un exceso teatral, el día que se convocaba la manifestación del 15 de mayo, en Nueva York, frente a la sede de Naciones Unidas, era detenido el director gerente del Fondo Monetario Internacional, acusado de intentar violar a una camarera. El hombre que iba a salvar al socialismo francés estaba alojado en una *suite* que costaba 3000 dólares. Una manifestación que es un desafío al orden existente se convertía en la más sensata propuesta de orden.

Al 15 de mayo llevaban acumuladas tantas desigualdades como propuestas y deberes hechos. La madurez del ideario político de estos jóvenes supera las revueltas juveniles de los ochenta. Y si se trata de comparar, el Mayo francés caducó en el mes de junio. Los franceses se fueron de vacaciones y De Gaulle arrasó en las elecciones. A lo que llamamos movimiento son sobre todo los ciudadanos hablando por encima de políticas que no funcionan. Por eso el 15-M atravesará octubre y condicionará el ambiente político hasta las próximas elecciones generales. Ese es el plazo de los más optimistas. ¿Podrían quedarse cortos? Seguramente. Si se extiende por Europa, las fechas electorales de cada gobierno junto a las políticas de la UE lo mantendrán activo y, sobre todo, visible. ¿Alguien se atreve a decir que irán perdiendo fuerza?

La explosión de Sol

«Esta historia la vamos a cambiar nosotros»
(pancarta en la Bastilla, en apoyo a las acampadas tras las cargas en Barcelona)

No hacía falta ir a la manifestación del 15-M salvo por una razón: era importante. Después de mucho tiempo viviendo a través de las emociones de otros, Obama, los países del norte de África, Islandia, ahora cada cual era responsable de ser su propio héroe. Las cargas policiales, cada vez más habituales, transforman la emoción de las concentraciones en rabia. Las imágenes en la plaza de Catalunya, además de estremecer al mundo, evidencian uno de los rasgos del movimiento ciudadano. Por más presión que ejerza la policía, son pacifistas. En cada una de las agresiones —Barcelona, Madrid, Salamanca, Valencia, Granada...—, los jóvenes y no tan jóvenes se han dejado pegar por agentes locales o nacionales. No ha volado una piedra, no ha ardido un contenedor. Desde España se ha exportado el único modelo de movilización posible. Por eso la inocencia y el entusiasmo del movimiento son su sabiduría. No tiene protocolos, reglas fijas, ni estatutos. No hay un centro, pero tampoco hay una periferia. Es una red que se tensa cuando se hace presión. Sol está en el kilómetro cero, pero puede moverse a donde haga falta. Una asamblea de barrio convoca una concentración delante del Congreso de los Diputados y otras mil personas acuden sin mayor acuerdo, sin pedir permiso, como una nueva guerrilla de ciudadanos que reacciona y se repliega. Ya saben que la ley vale lo que vale la fuerza que tengan para inclinarla de su lado. Puede estar prohibido concentrarse en un día que hay jornada de reflexión, pero si son decenas de miles los que se concentran, la policía no intervendrá. De eso se trata: de reinventar las normas con la fuerza de la indignación y demandas legítimas.

Son ciudadanos descontentos y a la vez entusiastas. Que se respetan sin importar la edad o el motivo concreto que les lleva a la calle. Y han extendido una toma de conciencia colectiva sin precedentes. Los indignados, la nueva resistencia del siglo XXI, defiende la democracia de las personas, la herencia de Europa, por encima de las injerencias del mercado.

Se han querido presentar los contenidos de reforma institucional como el referente central del movimiento. Pero en el nuevo gobierno ciudadano también hay propuestas económicas. Radicales. Porque cuando piden Democracia Real Ya, hablan de acabar con la interpretación contraria: que la política es el medio, no el fin. Las razones para la indignación pueden ser muchas. Por eso, en los campamentos han coincidido muchas ideologías e, incluso, algunas contrapuestas. En el magma inicial, todos y todas caben. Pero el propio movimiento irá clarificando quién de verdad comparte el manifiesto de los indignados. Algunas figuras conocidas se han acercado a arengar a los jóvenes acampados. Cuando ven que el movimiento puede «mancharles», ellos mismos se alejan. Los políticos piden reunirse con algunas plataformas que, de momento, los rechazan.

Y van más rápido que quienes les siguen para atacarles. Ante la tentación de pensar que levantar las acampadas suponía la desaparición del 15-M, en la tercera fase, han pasado a la acción. Ya es imparable. Un día se desplazan al Congreso de los Diputados; otro protestan en la investidura de los alcaldes; o convocan una manifestación donde varias columnas de ciudadanos, reunidos en las asambleas populares recién creadas, marchan desde sus casas al centro de la ciudad. En Barcelona, se sientan pacíficamente a las puertas de los sindicatos mayoritarios o frente al Parlament para pedir la dimisión del consejero de Interior... Así en un largo etcétera hasta el 15 de octubre, día de la movilización internacional. En la mañana resplandeciente del cuarto domingo posterior al 15-M, en la Puerta del Sol, tras una jornada de limpieza intensiva de la plaza, el caballo de Carlos III, testigo de la emoción de tantos días, luce una pancarta: «Sabemos el camino de vuelta». ¿Alguien lo duda?

Los políticos, por fin, han empezado a preocuparse, es decir, a reconocer que los ciudadanos exigen cambios. Y si hubieran tenido un programa como el de los apartidistas de Sol, igual les habrían votado. No quieren que les dicten más políticas trampa. Quieren sus políticas reales. Ahora, no hay marcha atrás. El movimiento de los indignados ha entrado en la Historia.

Manifiesto de los indignados en 25 propuestas

Los indignados quieren otro sistema y saben que es posible. Han lanzado un mensaje desde Sol al mundo: lo queremos todo y lo queremos ahora. El resultado es una reacción en cadena. Una revolución ética. Un programa del sentido común que señala a todos los partidos políticos por igual. No protestan, exigen. Son miles, millones, están organizados y saben que con su voto ya no quieren desmanes. Los ciudadanos pacíficos no quieren pagar más esta crisis. A cambio, tienen un programa lleno de propuestas. Democracia real para ciudadanos reales.

La Asamblea General de Sol, de Barcelona, Valencia, Vigo, Sevilla... Las más de 100 acampadas nacionales y las que se han constituido en el extranjero, donde los ciudadanos se han reunido en barrios y pueblos. Jóvenes y familias que han tomado las plazas de sus ciudades para desvelar el manifiesto político de los indignados. Ciudadanos interesados por cambiar la política, congregados en comisiones de trabajo durante larguísimas sesiones.

Democracia Real Ya, Juventud Sin Futuro, plataformas cívicas contra los desahucios y portavoces de asambleas multitudinarias coinciden en que de estos mínimos no se mueven. Han llegado a ellos inventándose una nueva manera de discutir. Horizontal, asamblearia, con tiempo para consensuar las propuestas de mínimos y marcar horizontes de máximos. Comisiones para tratar las medidas inmediatas, y otras con menos prisa para llegar más lejos.

En Barcelona, una mujer lo anunció en el megáfono: «Se ha dicho en los periódicos que no sabemos lo que queremos. Aquí están algunas medidas que se pueden entender fácilmente y queremos que se apliquen ya». Propuestas abiertas, sometidas a la velocidad de la red, a las nuevas respuestas, a los silencios de la Administración, a las amenazas de los medios y de los políticos. Propuestas para dar respuesta a lo que ya no funciona. El manifiesto de los indignados llega para quedarse. Así comienza la Spanish Revolution.

¡POLÍTICA REAL YA!

«Que no, que no, que no nos representan»

«¡Vota y no te metas en política! Es la propuesta que nos hacen cada cuatro años. Pero queremos ir a votar, no ir a fichar. Queremos cambiar la ley electoral, para poder participar de otras maneras y también para que sea verdad que todos los votos valen lo mismo. Queremos que los programas electorales tengan el valor de un contrato, y queremos mandar a su casa a quien los incumpla. Queremos jueces que sean realmente independientes de la política, del dinero y de sus propios intereses particulares. Queremos que los corruptos estén fuera de la política y que nuestra voz vaya más lejos que una simple papeleta. Queremos democracia transparente, participativa, con proporcionalidad real y control ciudadano» (palabras de los indignados)

PROPUESTA_1

"Del absolutismo al bipartidismo" (cartel colgado en el tendedero de propuestas de la fuente de la Puerta del Sol, junto a la comisión de información)

Hay que reformar la ley electoral para que la democracia sea representativa y podamos participar. Para que seamos más y nos reconozcamos. En esto el consenso es absoluto. Porque en el Parlamento español no está la pluralidad de España. Cuando empezó la democracia, los grandes partidos ocupaban solo la mitad del espacio parlamentario. Hoy son suyos más del 90 por ciento de los escaños. ¿Qué ocurre con quienes no se sienten representados por los dos partidos mayoritarios? En nombre del voto útil, la elección se ha reducido a dos opciones que, en casi todas las grandes decisiones, se parecen demasiado. La política española ha sido consensuada en sus principales líneas por el Partido Popular y el PSOE. Son ellos los responsables de la situación actual. ¿No hay más alternativas? Queremos biodiversidad y también *demo-diversidad*. Los jóvenes indignados redefinen su etiqueta: «Somos ni-ni: niPSOE-niPP».

Los partidos han dejado de saber qué está pasando. Han pensado que la política era lo que ocurría donde estaban ellos. Han ignorado y despreciado lo que no han entendido: «Los políticos saben tanto de política como los pájaros de ornitología», colgó alguien en el escaparate de un centro comercial en la Puerta del Sol. El voto nulo y el voto en blanco constituirían, de haberse presentado como partido, la cuarta fuerza política en España. Y, sumados a la abstención, serían la fuerza mayoritaria. Sin contar los dos millones de votos a partidos pequeños que han quedado fuera de juego.

La ley Electoral, aprobada en 1985, no sirve para representar a la sociedad española. Se necesitan cambios. Algunos son muy sencillos y no reclaman modificaciones constitucionales. La Constitución permite subir a 400 el número de diputados, en vez de los 350 actuales. Así sería más fácil que entrasen partidos más modestos. La fórmula D'Hondt —que toma los votos de cada partido y los divide por el número de escaños de su circunscripción y luego asigna el escaño de mayor a menor— favorece a los partidos mayoritarios. Por ejemplo, en 2008 IU necesitó casi 480 000 votos para conseguir un escaño, mientras que al PP y al PSOE les bastó con 66 000. En esos comicios, dos millones de ciudadanos se quedaron sin representación. Por eso defienden que hay que buscar otras fórmulas que beneficien a los partidos pequeños y aseguren la proporcionalidad. Para hacer cierta la propuesta de «un hombre/una mujer, un voto».

Pero el problema no está solamente en la fórmula D'Hondt. Se aplica en otros países, como Bélgica, y logra gran proporcionalidad. La desproporcionalidad viene, además, de dar mayor importancia a las zonas rurales. Son las herencias de la Transición. Para las elecciones al Congreso, la Constitución y la ley asignan un número mínimo de diputados a todas las provincias (dos, sean pequeñas o grandes). Esta asignación, igual para todos, representa en exceso a las zonas rurales y desvirtúa el resultado final. ¿Hay *«Sol-uciones»*? Bastaría con hacer desaparecer esa asignación y atribuir el número de escaños por provincia según la población para que fuera cierto que el voto vale lo mismo en todo el Estado.

En las decenas de acampadas del país se repite una reflexión en los debates: ¿tiene sentido el Senado? Si esta Cámara solo enfría las leyes que salen del Congreso, para que realmente fuera una Cámara territorial y representase la plurinacionalidad de España debería elegirse en las circunscripciones autonómicas. Una lista única por cada comunidad autónoma en lugar de las listas en las provincias.

Y está también el asunto de los candidatos. De todas las posibilidades que existen, la ley española optó por la fórmula menos representativa: las listas cerradas y bloqueadas. A la hora de votar, no queda sino apoyar la lista entera que elige el partido, aunque en ella figure un posible cargo corrupto o maltratador, un racista o un vago. Los partidos obligan a escoger al bloque entero y no es posible ordenar los nombres según las preferencias ni tachar alguno, pues el voto se convertiría de inmediato en nulo. Hay que pensar nuevas fórmulas. Las *listas abiertas y no bloqueadas* para el Congreso de los Diputados forman parte de la discusión en pro de una democracia más participativa.

En decenas de plazas los indignados profundizan en el debate: «¿Por qué en lugar de votar en las actuales provincias, no hay *circunscripciones más pequeñas* donde se pueda elegir al diputado o la diputada de nuestra circunscripción, al que podríamos conocer personalmente, de manera mayoritaria?». Esa fórmula puede completarse con un doble voto en listas cerradas y bloqueadas (es el modelo alemán). Un voto mayoritario al candidato que conocemos y un voto proporcional a la lista que prefiramos. «Quien elige debería estar cerca de quien le va a representar, para que escuche las demandas más urgentes y podamos, además, controlar si cumplen las propuestas electorales —reflexiona un médico en el grupo de Facebook de Democracia Real Ya—. Esto ayudaría a que se renovaran los partidos políticos y estarían más dispuestos a escuchar a los electores. ¿Difícil? Nadie dijo que la democracia fuera fácil.» En la línea del trabajo de DRY, los indignados proponen la Democracia 2.0, referendos vía internet o administraciones locales para votar y participar en las decisiones de gobierno. Quieren intervenir, hacer política con sus políticos, que el rumbo de un país se decida no cada cuatro años, sino a partir de las opiniones de la gente. Respuesta en la red: «Los mensajes del movimiento nos ayudan: "Ya tenemos Sol. Ahora queremos la luna"».

PROPUESTA_2

"Entre capullos y gaviotas, nos han tomado por idiotas" (acampada de Sol, pancarta entre las tiendas de campaña)

Quizá la pancarta más repetida en el movimiento es la que se queja recordando que «No hay pan para tanto chorizo». ¿Cómo se ha distanciado tanto la política de la ciudadanía?

Los indignados exigen poner fin a los privilegios de los políticos. La burocratización de los partidos, convertidos en órganos del Estado más que en parte de la sociedad civil, los ha ido distanciando de la gente. Ni siquiera se sostienen con las cuotas de los militantes. Ese alejamiento ha ido construyendo *privilegios* que aumentan la separación. Los cargos públicos pueden recibir hasta dos o tres remuneraciones del Estado. Los ciudadanos de a pie, solo una. Cualquier persona debe cotizar 35 años para obtener la pensión máxima. A un diputado le basta con 7 años de cotización. Lo que se pensó para políticos que tenían problemas de jubilación se ha convertido en un privilegio para todos los miembros de la clase política, aunque no lo necesiten. Y las indemnizaciones que reciben por el cese de actividad son mucho más generosas que las que se le ofrecen a cualquier otro trabajador del sector público, además de que pueden obtenerlas aunque sigan trabajando (por ejemplo, dejan de ser ministros y pasan a ser diputados o senadores).

El espíritu del Movimiento 15-M exige la incompatibilidad entre la asignación de una pensión pública por el desempeño de actividades políticas y el cobro de un sueldo o una pensión de origen privado. Y pide además que se equipare el régimen de pensiones de los políticos con el régimen general. En lugar de una indemnización desmesurada cuando cesan del cargo, financiada con fondos públicos, deben ajustarse a las normas que se aplican a cualquier otro trabajador en caso de desempleo o reintegrarse a su actividad anterior.

Otra pregunta repetida: ¿por qué tienen que gozar de inmunidad parlamentaria? La inviolabilidad de los parlamentarios está pensada para que ejerzan de manera eficaz su trabajo de denuncia y control sin que la amenaza de una querella frene su tarea crítica. Pero ¿tiene sentido que la inmunidad sea un privilegio y un refugio frente a posibles comportamientos delictivos? Así como la inmunidad parlamentaria ayuda al desempeño de las tareas políticas, para ahondar en la democracia tiene que desaparecer la inviolabilidad parlamentaria, que solo sirve para alimentar la separación entre los políticos y la ciudadanía.

Y hay que dar un paso más allá de la democracia representativa. ¿Por qué no se puede echar del cargo a un político que está incumpliendo sus promesas, que gobierna mal o que ha incurrido en actos ilegítimos e incompatibles con la dignidad de su cargo como representante de la soberanía popular? Este control de los representantes públicos tiene varios niveles. *Debe existir una estricta vigilancia del absentismo en los cargos electos.* Cualquier otra persona que haga mal su trabajo o tenga ausencias injustificadas es despedida. «¿Por qué no despedir a los políticos mentirosos, inútiles y vagos o que prefieren ir a sus trabajos privados en vez de acudir al Parlamento? Si el pueblo es soberano, el pueblo manda», se pudo oír en la comisión de política en la plaza de la Encarnación, Sevilla.

Algo que resulta difícil de entender es que ciertos políticos que llevan años yendo y viniendo a los tribunales, con procesos judiciales abiertos vinculados a irregularidades públicas, puedan presentarse a las elecciones. Como planteó un indignado en Granada: «Hace falta acabar con la farsa del turnismo, con las oligarquías y con el caciquismo que vemos en algunas partes de España, donde hay políticos que operan como antiguamente lo hacían los caciques». Hemos sido testigos de la suerte que ha corrido el juez Garzón coincidiendo con la investigación del caso Gürtel. Cuando se abrió el primer procedimiento contra el magistrado por su pretensión de investigar los crímenes del franquismo, el Consejo General del Poder Judicial lo suspendió automáticamente de empleo y sueldo. Entonces: «¿Por qué los políticos tienen el privilegio de poder presentarse a las elecciones estando inmersos en procedimientos judiciales? Son los únicos funcionarios a los que la ley de Administraciones Públicas deja libres de suspensión cautelar con procesos judiciales abiertos».

Y para evitar un uso ilegítimo de estos mecanismos, «debería poder sancionarse a quienes utilicen estos mecanismos de mala fe, usando, como ocurre con algunos abogados, su familiaridad con la justicia o sus recursos económicos para interponer denuncias con el único fin de manchar el buen nombre de algunas personas o instituciones. Esa tarea debe corresponder a los jueces». «Exigimos —se escucha en un grupo de trabajo de Madrid— una comisión judicial, independiente del poder ejecutivo o legislativo, que pueda suspender cautelarmente, en el momento procesal que considere oportuno, a los políticos que estén inmersos en procesos judiciales.»

Chóferes oficiales, viajes en primera clase, vacaciones prolongadas, gastos de protocolo, financiación a través de los partidos, trato de favor con los bancos..., todos estos elementos contribuyen a multiplicar la distancia entre los políticos y la ciudadanía. «¿Cómo puede representarte quien está tan lejos de ti? Los políticos tienen que volver a bajar a la calle a hablar con la gente y a escucharla, olvidándose de hacer de la carrera política un negocio redondo», apuntan otros indignados. De lo contrario, la calle, esa realidad que han olvidado, se convertirá en una trinchera: «La barricada cierra la calle, pero abre el camino». Un trozo de cartón, un poco de cinta adhesiva y una pared.

PROPUESTA_3

"Políticos, hoy es vuestro día de reflexión" (acampada en Sevilla)

El Movimiento 15-M quiere, y así lo ha ratificado por consenso, democracia participativa para que los cargos públicos gobiernen obedeciendo a los ciudadanos. «Hemos visto cómo se nos iban cerrando todas las puertas. Así que hemos decidido salir a la calle por la ventana. Decían que participar era votar. Y nos hemos dado cuenta de que participar es construir lo público entre todas y todos. Ahora la calle está llena de gente que comparte los mismos reclamos. Llena de gente que no aguanta a esas personas que lo tienen todo tan claro y no necesitan escuchar a nadie más, esos que gritan: "Cállate, que yo sé lo que estoy diciendo", aunque sepamos que no tienen ni idea de lo que dicen o estemos convencidos de que nos están mintiendo», se escucha en una intervención de la comisión de política de Barcelona.

La revocación de los mandatos es un instrumento democrático. Los cargos públicos deben poder ser revocados, siempre que los votos a favor superen los votos iniciales y nunca antes de la mitad del mandato, según se ha establecido en multitud de acampadas y asambleas en la red. Argumentan que la Constitución española prohíbe el mandato imperativo (artículo 67.2), así que la única posibilidad de mostrar la disconformidad con un cargo tiene lugar en las siguientes elecciones. Sin embargo, los partidos tienen muchas más posibilidades de controlar a los diputados, senadores y concejales (como suelen demostrar las votaciones). Si la Constitución le entrega el poder a los partidos en vez de al pueblo, ¿qué problema hay en cambiar la Constitución? ¿Imposible? ¿Extraño? Alemania ha cambiado su Ley Fundamental más de 50 veces. México, en 500 ocasiones. Y 27 enmiendas acompañan a la Constitución de Estados Unidos. «Es una cuestión de voluntad política de los partidos mayoritarios. La que no parecen tener. La que los aleja de nuestra representación», se discutía en la comisión de política en Valencia. ¿Es que acaso no llevaron los grandes partidos reformas constitucionales en las elecciones de 2004 y de 2008 (reforma del Senado, con inclusión del nombre oficial de las comunidades autónomas, igualdad entre el hombre y la mujer en la sucesión dinástica, incorporación de alguna referencia a Europa)?

Todos los referendos que hemos tenido en España —y los que deberíamos haber tenido y nunca tuvieron lugar— han venido acompañados de alguna trampa. En unos casos porque no se hicieron (por ejemplo, el referendo «monarquía-república»); en otros, porque se presentó a votación un bloque cerrado, sin participación popular en su elaboración, sin posibilidad de discusión ni oportunidad de votar artículos o títulos (como es el caso de la Constitución española de 1978); en otros, por la falta de tiempo para discutir sus contenidos en profundidad (referendo de la OTAN o sobre el Proyecto de Constitución europea). Sin contar con que en España las consultas populares nunca son obligatorias para los poderes públicos. «Por eso reclamamos que los referendos sean vinculantes y sean convocados para todas las decisiones relevantes que afectan a la ciudadanía», apunta un indignado en Barcelona durante la celebración de una asamblea general.

Desde Democracia Real Ya, las asambleas populares de los barrios y otras organizaciones del 15-M, los indignados quieren utilizar las Iniciativas Legislativas Populares (ILP) para peticiones de distinto tipo y ampliar así la participación ciudadana. Para lograrlo, piden que se reforme la ILP, se equipare al sistema de otros países donde requieren menor número de firmas —en España son 500 000— y además se puedan incluir materias que ahora mismo están vetadas. Por ejemplo, las leyes orgánicas, entre ellas la polémica ley electoral. En Barcelona, donde los activistas han conseguido parar unos cuantos desahucios, pretenden, a través de una ILP, ponerles freno a todos. Pero el trámite es deliberadamente lento y, una vez lleguen las firmas al Parlament, los diputados podrían liquidar el debate en dos minutos.

PROPUESTA_4

"Políticos y jueces: somos vuestros jefes y os estamos haciendo un ERE" (campamento de Sol, noche del miércoles 18 de mayo)

No hay democracia sin independencia judicial. Los jueces deben estar blindados frente a las injerencias del poder político o el poder económico. «Si Montesquieu ha muerto, hay que resucitarlo.» Ya sabemos que los cargos públicos imputados por fechorías se presentan sin ningún problema a las elecciones. Por eso, apunta un joven empresario durante una discusión, «hacen falta más jueces con criterio propio. Hay que crear *mayores facilidades para acceder a la carrera judicial* y un mayor *control popular en la elección de los cargos de representación judicial*». Sin olvidar que la propia Constitución, en su artículo 115, plantea la «participación de los ciudadanos en la Administración de Justicia». Una solución que debería analizarse pasa por otorgar *carácter vitalicio a los jueces del Consejo General del Poder Judicial y del Tribunal Constitucional*, lo que les liberaría de las presiones políticas para permanecer en el cargo. «Es una opción, el debate está abierto, con el objetivo de que la separación de poderes sea real, como la democracia que pedimos», comenta un miembro de Democracia Real Ya. En su elección deberían participar organizaciones de la sociedad civil, de manera que la independencia de los magistrados no se viera amenazada por el control de los partidos políticos.

Pero quedarían pendientes las presiones del mundo del dinero o de los intereses corporativos de los propios jueces. Es esencial recuperar los contrapesos que deben ejercer entre sí los poderes del Estado, habilitándose igualmente una mayor colaboración ciudadana en las tareas de control; por ejemplo, haciendo accesible la documentación apropiada a las organizaciones de la sociedad civil o creando figuras de *inspección civil*.

En el fondo, se está planteando la necesidad de reinventar la *separación de poderes*. Ni el poder ejecutivo —el Gobierno—, ni el poder legislativo —las Cortes— deberían poder influir en los jueces y sus órganos de gobierno. Estos tienen que ser independientes y no estar elegidos ni por el Ejecutivo ni por los partidos. El poder legislativo debería recuperar la capacidad de legislar, que hoy está en manos del Ejecutivo merced a los decretos-ley, algo que habría que limitar a los casos de extrema urgencia y necesidad (en la actual legislatura, el Gobierno ha aprobado casi 600 normas legales al año, casi ocho veces más que el poder legislativo). Una verdadera separación de poderes permitiría una mayor representatividad de las leyes y medidas de control más eficaces.

El poder legislativo tiene también que recuperar la capacidad de control del Ejecutivo, hoy casi impedida al ser la mayoría parlamentaria la que sostiene al Gobierno. Bastaría con dar más tiempo y preeminencia en las sesiones de control a los partidos de la oposición, que son los encargados de la función de control del Gobierno. El poder judicial, por su parte, debería dejar hacer las leyes al Parlamento y no pretender resolver por vía judicial asuntos que pertenecen a la soberanía popular y, por tanto, al Congreso y al Senado (por ejemplo, que Sortu o Bildu puedan presentarse a las elecciones o que se dicte una sentencia sobre el Estatut anulando artículos aprobados por los parlamentos catalán y español y ratificados en referendo en Cataluña, o en el caso de la ley del aborto). De la misma manera, debería *evitarse la sensación de connivencia con cualquier Ejecutivo*, como ocurrió con el Tribunal Superior de Valencia, donde el presidente de la Sala de lo Civil y Penal encargado de valorar un supuesto delito del presidente de la Comunidad archivó la causa de quien se había referido a su persona llamándole «más que amigo».

PROPUESTA_5

"Spain is different, not indifferent"
(valla del metro de Sol)

Los indignados exigen transparencia política. Hay que desmontar el refugio en el que se esconden quienes utilizan la política para sus intereses particulares. Si pueden presentarse a las elecciones personas imputadas en casos de *corrupción*, es porque no hay transparencia acerca de su gestión. Sin claridad política, las conclusiones se derivan a los jueces. El galimatías jurídico que construyen, apoyados en poderosos bufetes de abogados, hace incomprensible la situación para la gente de a pie. Al final, la sensación es de impunidad: los que roban no reciben sanción alguna por su conducta inmoral. La política deja de ser servicio público y se convierte en un privilegio. Robar sale gratis. ¿Y cómo puede representarnos alguien que vive en el privilegio? La transparencia también serviría para que la *rendición de cuentas* fuera una realidad. ¿Cómo escoger a unos representantes cuya gestión no puede evaluarse porque se carece de información?

Buena parte de las medidas para mejorar la transparencia dependen solamente de la voluntad política. Aunque también vendrían muy bien medios de comunicación dispuestos a denunciar todas —todas— las trapacerías de la política. Mientras tanto, basta con colgar en la web los contratos y licitaciones públicos, las partidas presupuestarias, así como los gastos fijos y discrecionales junto a los de representación. Hay que conocer cuántos y quiénes son los asesores de los políticos, sus sueldos y sus funciones, al igual que los recursos de que disponen en su labor de acompañamiento de los cargos electos. También ayuda a la transparencia que todas las oposiciones y pliegos de contrato estén accesibles en internet. Los periodos de reclamaciones deben ser amplios, del mismo modo que deben ser gratuitas las solicitudes ciudadanas.

Del mismo modo, es importante establecer límites en los vínculos de los políticos y sus familiares con las empresas, para evitar el favoritismo y la corrupción. El patrimonio de los políticos, al igual que el de los jueces, debería ser público. Ninguna persona que tenga responsabilidades en la política o la judicatura debe estar expuesta a sobornos de aquellas personas a las que tienen que regular, contratar o juzgar. La publicación del patrimonio es una medida que puede ser eficaz para evitar cualquier tentación.

Es también esencial disponer de una justicia asequible para que el ciudadano pueda litigar contra la Administración. Un aspecto menos conocido de la transparencia tiene que ver con la forma de expresarse propia de los poderes públicos, el derecho y la economía. Para evitarlo, hay que democratizar el lenguaje de la Administración, de los jueces y de las actividades económicas, de manera que deje de confundirse el vocabulario técnico con un oscurantismo que lo que busca es huir de la transparencia y convertirse en un recurso disuasorio para el control ciudadano. Como no te entiendo, te dejo en paz. «La cultura capitalista organiza el silencio», dice una pancarta en una valla de madera, junto a una bicicleta, en Murcia.

El movimiento apunta al corazón del gobierno político, económico, judicial, mediático y cultural de nuestras democracias. «Esto no es Mayo del 68: nosotros vamos en serio», se lee en el tendedero de propuestas, junto a la comisión de información de la Puerta del Sol. La juventud indignada, los jubilados indignados, todas las edades indignadas entendemos que el grueso del problema está en el sistema económico, y también —y ahí la indignación crece y crece— en un sistema político que no se atreve a embridar la economía desbocada puesta al servicio de unos pocos. Por eso, los delitos de corrupción deben ser imprescriptibles. «Primero se hacen elegir; luego, roban; después, si alguien les denuncia, contratan a un bufete de abogados que alargue el procedimiento hasta que prescriba», reflexiona un indignado a pie de calle. En las siguientes elecciones empiezan otra vez de cero, con los delitos prescritos, y vuelven a las andadas. No es extraño que la calle se haya vuelto irreverente: «Si los políticos hacen el payaso, los payasos tendremos que hacer política». Payasos trágicos, que diría Valle-Inclán.

PROPUESTA_6

"Ni cara a ni cara b: queremos cambiar de disco" (panfleto repartido en la Puerta del Sol)

Los indignados exigen reinventar el sistema político. El movimiento 15-M es una enorme escoba de virutas del pasado. Quien se ponga en medio será barrido: «Informamos a los políticos que el pueblo declara ilegal a la Junta Electoral», dice una pancarta negra con letras amarillas que lleva una joven que marcha hacia la concentración prohibida por los jueces. Si la legalidad del sistema va contra la democracia real, el sistema se ilegaliza de facto. «No somos antisistema: el sistema es *antinosotros*.» «El panorama político es desolador. De no ser así, ¿acaso habríamos tenido que salir a la calle?», comenta un parado junto a la estatua del Oso y el Madroño de Madrid.

Unos partidos socialdemócratas sin rumbo, entregados a las propuestas que hace cien años les hicieron nacer como alternativa. Socialistas gestionando la fase más dura del sistema capitalista y la explotación de los trabajadores, enredados en disputas internas que ni siquiera saben aprovechar para acercarse a las propuestas del 15-M. En los debates los indignados han elogiado las primarias, pero no las han podido disfrutar en el PSOE. «Así se alejan de la gente mientras hacen el trabajo duro de banqueros, empresarios y aristócratas del dinero o la dinastía.» «ZP, nos f@llaste.» «¿A quién representan?», denuncia una indignada en la asamblea de Cáceres.

Berlusconi, Sarkozy, Umberto Bossi, Esperanza Aguirre y otros tantos políticos están dispuestos a privatizar hospitales, universidades y colegios. Dispuestos, como ya se apunta en Grecia, a privatizar parte del país mientras la policía acalla las protestas. «Zapatero nos quita el pan; Esperanza Aguirre, el agua.» «¿Nos representan?», se lee en una pancarta plantada en medio de la Puerta del Sol. Izquierda Unida, más cercana a la alternativa que empieza a discutir el movimiento, prefiere mantenerse enrocada y se contenta con crecer un 1 por ciento en mitad de la mayor crisis que ha afectado a la democracia española. Incluso se atreve a decir: «El 15-M somos nosotros». ¿Cómo van a representar lo que no entienden? «Queremos regeneración democrática ya», apunta una portavoz de DRY. «Y no nos olvidemos del PSOE, justamente el Gobierno responsable de la situación actual, ese que no tiene narices de decirle a la señora Merkel que no, que no hay pacto del euro.»

La propuesta y la conclusión de los indignados en estas primeras semanas de explosión del 15-M es que la sociedad está preparada para una nueva *Asamblea constituyente*. Los que dicen que la Transición fue un éxito son los mismos que gritan que la ciudadanía no está madura para dotarse de una nueva Constitución, aunque ningún joven en España la haya votado (solo pudieron hacerlo los que hoy son mayores de 50 años). «Pienso, luego estorbo», dice un lema pintado en muros y camisetas.

Las amenazas que penden sobre nuestra democracia son antiguas y por eso la idea de la Resistencia —de Stéphane Hessel— ha cuajado entre los manifestantes. Otro resistente, Jorge Semprún, ha muerto en París a los 87 años. Democracia exilada. También por esa memoria hurtada, el 15-M tiene que inventarse todo. A la espera de encontrar su camino de unión con el pasado. Todo vendrá. En Navarra, una joven indignada reprende al príncipe Felipe con argumentos del 15-M. Le habla en nombre de la regeneración democrática: «¿Y a usted quién lo ha elegido? ¿Cuándo tendremos un referendo sobre monarquía o república?». El Príncipe y su entorno le dicen: «¿No tienes nada mejor de lo que preocuparte?». Y el futuro monarca cierra la conversación: «Ya has tenido tu minuto de gloria». Tampoco ha entendido. No estuvo en la Puerta del Sol.

El 15-M está inventándose la política. Democracia real ya. Nada es incuestionable. «Usar protector: hay Sol para rato», dice una indignada, enfermera y en paro.

SOL-UCIONES ECONÓMICAS CONTRA EL MALESTAR

«Esta crisis no la pagamos»
(lema cantado en manifestaciones y actos públicos)

«¿Qué ha pasado para que tengamos que perder de pronto todo lo que habíamos conseguido? ¿Qué hemos hecho mal para que nos traten como a ciudadanos tramposos que tienen que pagar los platos que han roto otros? Nos hemos esforzado, trabajado, apretado el cinturón… ¿Por qué tengo que perder mi casa y los ahorros de estos años? Unos pocos están engañando a muchos mucho tiempo. Hasta que estos muchos se han cansado. Queremos que nos devuelvan todo lo que nos han robado. Si nuestro sentido común va contra el de ellos, hagamos valer las razones de nuestra indignación. Si han vallado los caminos tradicionales, tendrán que escucharnos en otros sitios» (comisión de economía, junto al Oso y el Madroño, Puerta del Sol, Madrid)

«¡Es mi economía, estúpido! Porque no queremos trabajos precarios, jornadas eternas y una jubilación imposible. Porque queremos una vivienda digna en la que vivamos nosotros y no con la que se enriquezcan los bancos. Porque nos quitan todo lo que habíamos logrado tras años de esfuerzos y se llevan su botín a paraísos fiscales. Porque no pagan impuestos y encima piden rescates públicos. Nos piden austeridad desde un Mercedes clase A. Esta crisis, políticos y banqueros, no la pagamos» (acampada de Málaga, en una sesión sobre la crisis de deuda pública que organizó la comisión de economía)

PROPUESTA_7

"Violencia es cobrar 600 euros" (grafiti repetido en el 15-M)

El programa económico que se reclama a los partidos de Gobierno ya estaba en las redes sociales antes del 15-M. La protesta llega a la calle con los deberes hechos. Y un convencimiento: se pueden cambiar las cosas. Por eso, en las distintas redes sociales aseguran que falta una demostración de fuerza para que la salida a la crisis no la paguen los de abajo. El 15-M invita a la indignación. Y tratan de que el movimiento haga suya la propuesta de cambio, la mejore, la jerarquice, la convierta en un manifiesto indignado. Y de ahí, a la acción. Por eso, el movimiento de los indignados exige referendos vinculantes sobre decisiones económicas esenciales como una nueva forma de aplicar la democracia. «Democracia no es plutocracia. Es el poder del pueblo, no el poder de los ricos», dice una madre a su hijo en la plaza de Catalunya.

En el ojo de todas las críticas están los políticos, el sistema financiero y los banqueros. En una economía en la que el dinero es la principal mercancía, el negocio del dinero es el más rentable. ¿Quién va a producir cuando especulando puedes ganar el doble o el triple? La asamblea de los niños de la guardería de la acampada en Sol votó lo siguiente por unanimidad: «El dinero no es lo más importante». No parece un mal punto de partida.

La globalización, que pone tantas dificultades al movimiento de las personas, es más permisiva con el movimiento de dinero o de mercancías. Aunque sea un despilfarro ecológico. Los parados de aquí compran más barato los productos de otros lugares. Las empresas, que no pueden competir, despiden a más trabajadores. Los ciudadanos de a pie, además de consumir cada vez menos, se endeudan. El famoso círculo infernal: se cierran nuevas empresas, mientras que los bancos no dejan de ingresar más y más dinero. Al final, dicen, el problema es que no somos competitivos, que hemos vivido por encima de nuestras posibilidades, que nos hemos esforzado poco, que no somos fiables, que es un riesgo prestarnos dinero. «Hay que apretarse, otra vez, el cinturón. ¡Hasta que los dueños del crédito crean que volvemos a ser rentables!», exclama por el megáfono un joven a las puertas de El Corte Inglés en Madrid.

Los indignados coinciden en que las reformas de los responsables de la crisis son, invariablemente, ofertas para empeorar. Por ejemplo, la pesadilla de una vida dedicada, casi en exclusiva, a trabajar para otros por un sueldo mínimo. Como si ganar algo más de 600 euros —salario medio de un joven— no fuera una forma de violencia. La última reforma laboral agrava esa sensación: alargamiento de la edad de jubilación, endurecimiento de las condiciones para obtener una pensión, menor seguridad laboral o aumento de las jornadas de trabajo. ¿No tienen nada que decir los trabajadores sobre sus condiciones? La patronal no dudó en mantener como representante a un empresario inmerso en acusaciones por impago de cotizaciones a la Seguridad Social, cancelaciones de contratos, huelgas de sus trabajadores y embargos. Su apuesta por la salida de la crisis ha sido la que finalmente se ha asumido: «Solamente se puede salir de una manera: trabajando más y ganando menos».

Por eso, exigen que las decisiones que no estaban incorporadas en programas electorales se sometan a consulta popular. Empezando, por ejemplo, por el referendo de la última reforma laboral, convencidos de que sin trabajos dignos la productividad de las empresas cae, y sin sueldos dignos, la economía no puede reactivarse. De la misma manera, ¿no deberían consultarnos acerca de la reforma de las pensiones? Mientras aumenta la cuenta de resultados de bancos y empresas transnacionales, aumenta también la edad de jubilación. «¿Quieren que lo entendamos? Después de una vida laboral inestable, con bajos salarios y pocos derechos laborales, la UE presiona para aumentar la edad de jubilación. ¿Quién podrá trabajar hasta los

67 años y cotizar la jubilación máxima con un 40 por ciento de paro juvenil?», reflexionan estudiantes del colectivo Juventud Sin Futuro.

PROPUESTA_8

"¡A la puta calle!, les dijeron. Y eso hicieron" (El Roto)

El *problema de la vivienda* ya fue una de las chispas de la indignación hace años. No es posible salir de casa de los padres si uno no tiene adonde irse. En Málaga, una manifestante llevaba un cartel a su espalda: «Rebelde sin casa».

Los mismos que pusieron precio a 60 metros cuadrados son los que, cuando se deja de pagar la hipoteca, deciden quedarse con la casa después de bajar su precio. La conclusión es que te has quedado sin los 60 metros y tú y las personas que te avalaron seguís endeudados de por vida con el banco. «Sin ninguna posibilidad de rehacer tu vida ni siquiera alquilando, puesto que, en el caso afortunado de que encuentres trabajo, el banco te embargará el sueldo para que pagues esa casa que ya no es tuya», denuncia una portavoz de DRY. De regreso a casa de tus padres. O a pedir auxilio a algún familiar o amigo. Tras la bancarrota, los mismos bancos tachan a la clase media de no ser «viable económicamente». No es extraño que alguien dibujara en un cajero automático a una persona asombrada gritando: «¡No doy crédito!».

Los indignados exigen poner fin a los desahucios. La dación en pago de la vivienda —que se queden con la casa y la deuda quede zanjada— es una reclamación fundamental en el manifiesto de la indignación. Y piden crear moratorias para que los hipotecados y desahuciados tengan otra alternativa. Tras el estallido de la burbuja inmobiliaria más grande de Europa, España es el único país en el que no se puede devolver la casa para saldar la hipoteca. Además de buscar el consenso, Democracia Real Ya se ha volcado contra los desahucios. En Murcia, Madrid o Barcelona han parado más de una veintena. Llenan la casa de gente, desde el portal a las escaleras, y así evitan que entre el funcionario judicial.

Es urgente salir, en cualquier caso, de la trampa de la vivienda en propiedad. Para ello hace falta un mercado público de alquiler de viviendas protegidas y la decisión política para que las casas desocupadas entren en un mercado con garantías públicas. La expropiación de las viviendas construidas en stock, producto de la especulación inmobiliaria, es una medida que, además, podría ponerse al servicio de este mercado público de alquiler. La primacía de la compra sobre el alquiler en España es propia de un país que durante buena parte del siglo xx careció de política social. La dictadura llevó a las familias a canalizar sus ahorros hacia la compra de vivienda. Que el precio de un alquiler sea igual al precio de una letra es una invitación a la propiedad. Pero cuando los sueldos son *mileuristas* (y a la baja), el pago de la letra es insostenible, y también el de alquileres pensados como un negocio especulativo. De hecho, el alquiler de vivienda nunca debería superar el 25 por ciento del sueldo.

PROPUESTA_9

"Esta operación no tiene comisión" (pintada en la puerta de una caja de ahorros en la plaza de Las Salesas de Madrid, centro de reunión de las comisiones de trabajo del 15-M)

El 31 de mayo, el presidente del Banco Santander, Emilio Botín, era recibido en la Universidad Carlos III por Juventud Sin Futuro (colectivo que participó en la manifestación del 15-M) con caceroladas, pitidos, tarjetas rojas y una enorme pancarta que rezaba: «Su botín, nuestra crisis». Un comunicado de los jóvenes indignados explicaba la acción: «La universidad es un espacio público de construcción colectiva, de aprendizaje, que debe conservar y profundizar su carácter socialmente integrador. En este sentido, señalamos a Emilio Botín como enemigo de lo público y de lo común, que reclama la socialización de sus pérdidas mientras privatiza sus escandalosos beneficios. El poder financiero está en la base de la creación de una crisis económica que ha precarizado aún más nuestras vidas, la de los jóvenes. Los intereses de la gran banca —los que Emilio Botín viene a defender a la Universidad Carlos III— son antagónicos a los de las mayorías sociales». Era el primer gran abucheo al primer banquero de este país. Su mayor crítica es que «los bancos, cuando tienen dificultades, piden ayudas públicas». En la misma línea, un cartón hecho pancarta ondeaba en Cibeles: «No son rescates, son chantajes».

La falta de corresponsabilidad de las grandes fortunas con la solución de la crisis es una queja permanente del movimiento. Una queja nacida desde el sentido común. ¿Es acaso justo que cuando a la mayoría le va mal, los más ricos paguen cada vez menos impuestos? Queda claro desde el kilómetro cero de Madrid que los más ricos tienen que pagar más impuestos. Argumentan que estos tienen que ser progresivos, de manera que quien más tenga, más pague. Basta de artilugios financieros opacos y que no tributan, donde se refugian las grandes fortunas (es lo que ocurre con las SICAV). Y en segundo lugar, hay que luchar contra el fraude, que supone, según cálculos de ATTAC, entre el 20 y el 25 por ciento del PIB: el doble que la media de la Unión Europea. Una cantidad en los últimos años de 280 000 millones de euros de cuotas tributarias que no fueron ingresadas. Treinta veces el total de las políticas de empleo anuales de todo el Estado. «Sabemos por experiencia propia que la policía siempre aparece para disolver las manifestaciones y concentraciones, cosa que realiza con dureza. Debería también ser eficaz a la hora de perseguir a los delincuentes de cuello blanco», reflexiona sentado dentro de una tienda de campaña un joven estudiante de empresariales.

Otra decisión que nunca ha estado lo suficientemente razonada es la eliminación del impuesto de sucesiones y donaciones. Si el Estado necesita dinero, es el momento de recuperar esas tributaciones. Una política de Estado solventaría la discrecionalidad de las comunidades autónomas al respecto. «No entra en nuestro sentido común —dicen los indignados de la comisión de economía en Málaga— que la riqueza pase de padres a hijos sin que se tengan que pagar impuestos por ello.»

PROPUESTA_10

"Si tú les pagas su deuda, que ellos paguen tu hipoteca" (marcha del 15-M, calle Alcalá de Madrid)

Para reorganizar las finanzas hace falta una *banca ética*, que se guíe no por la rentabilidad inmediata del dinero, sino por su rentabilidad social. ¿Qué hacen los bancos con nuestro dinero? «Si te fías de los bancos, acabarás durmiendo en uno», dice un *post-it* pegado en una sucursal. Al menos 14 entidades bancarias españolas financian a empresas fabricantes de armas. Nuestros depósitos pueden estar sirviendo, sin saberlo, para colaborar en las guerras que nos estremecen. Los beneficios de las empresas de armas han aumentado un 50 por ciento en la última década. Mientras, como demuestra un estudio de SETEM (una federación de 10 ONG de solidaridad internacional), cada minuto muere una persona por un disparo, lo que hace un total de 500 000 personas por año. 700 millones de armas ligeras están en las calles de las ciudades. Más de 300 000 niños están involucrados en algún conflicto bélico. E igualmente puede estar nuestro dinero en circuitos especulativos que son responsables de que, al final, no podamos hacernos cargo de nuestras hipotecas. O van a financiar a empresas contaminantes o de riesgo, como las centrales nucleares. O sostienen con préstamos constantes a esos partidos políticos a los cuales, luego, pueden dictar las medidas que deben tomar porque son las que benefician a los grupos financieros. Al final, estás enriqueciendo a quienes te están estropeando el día.

Las cajas de ahorro son patrimonio público. Durante mucho tiempo han estado más cercanas a la gente que los grandes bancos. Y al ser organizaciones sin ánimo de lucro, contribuían con su acción social a la mejora colectiva. La propuesta ahora es privatizarlas. Por el contrario, los indignados reclaman la nacionalización de las cajas de ahorro y su reorientación como bancas comprometidas con el apoyo a las pequeñas y medianas empresas y la ciudadanía.

PROPUESTA_11

"Me sobra mucho mes al final del sueldo" (cartel compartido en Barcelona, Madrid, Cádiz, Santiago, Murcia, Valencia, Bilbao...)

La indignación social comparte que, si no hay trabajo para todos y todas, lo mejor es repartirlo. Y para quien no pueda incorporarse, un subsidio a los parados de larga duración.

La economía tiene que estar al servicio del bienestar de las personas. Para ello, el sueldo debe entenderse como un ingreso social y no como un coste. Hay que romper la lógica empresarial: banqueros y políticos que prefieren escuchar a los mercados, presidentes de empresas transnacionales que se llevan la producción a países con salarios de esclavitud, especuladores que convierten en mercancía la vida de las personas, industrias que quieren cobrar varias veces el mismo producto, agencias privadas de calificación que se benefician hundiendo a países, gestores públicos que privatizan la sanidad, la educación, las pensiones o el agua... Estas son las manos en las que estamos. Si el orden existente nos quiere quitar lo que tenemos, tendrá que ser el desorden el que nos devuelva la dignidad. Si los parlamentos nos roban nuestros derechos, será la plaza pública la que los recupere.

No solamente devolvemos el producto defectuoso, sino que exigimos la carta de reclamaciones a los responsables del desperfecto. En la Bastilla, en París, un grupo de franceses solidarios con la Puerta del Sol reclaman de nuevo, como en la Revolución francesa, los *cahiers de doléances*: los cuadernos de quejas. En Madrid, alguien ha colgado de una farola en la esquina de la calle Preciados: «Si te compras una vida, no terminarás nunca de pagarla». Por eso es necesario el cumplimiento de los derechos laborales en su integridad, de manera que se termine con la precarización del mercado de trabajo actual.

PROPUESTA_12
"La banca, al banquillo"
(espray sobre una oficina bancaria en la rebautizada plaza del 15 Maig)

¿Quién ha robado en esta crisis? Para saberlo, desde las plazas públicas se piden comisiones de investigación de los organismos financieros junto a las empresas de calificación. Los responsables de la crisis deben pagar su deuda con la sociedad. «No puede ser que quien robe cien euros para sobrevivir vaya a la cárcel y los que hunden a un país se vayan de rositas», se escucha a través de un megáfono en la plaza de la Encarnación, en Sevilla. Y el lema se repite sin cesar: «No hay pan para tanto chorizo». «Que los que han mandado a cientos de miles de personas al paro vayan a la cárcel sería una buena lección para que en el futuro otros no se sientan impunes», se escucha en la capital hispalense. No vamos a permitir que existan refugios para los criminales. Por eso hacen falta sanciones penales contra los responsables de la crisis. El ejemplo de otros países ha calado. Islandia impulsó las esperanzas de Democracia Real Ya y tantos otros. Si fuera lo están haciendo, aquí también podemos: «Políticos y banqueros: os buscaremos y os encarcelaremos como en Islandia».

PROPUESTA_13

"Y a estos, ¿quién cojones les ha votado?" (cartel con los logos del BBVA, Santander, Acciona, ACS, Sacyr, Endesa y Fomento de Construcciones y Contratas)

«No basta con pararles los pies: hay que buscarlos en sus madrigueras: abolición de los paraísos fiscales e imputación de las agencias de calificación.» Así de tajante se expresa la indignación para llegar a la siguiente propuesta.

Si los responsables de la crisis no deben salir indemnes, tampoco debe tener impunidad su dinero. La *abolición de los paraísos fiscales*, así como las sanciones a las empresas que trabajen con esos centros de fraude, son asuntos de urgencia. La posibilidad de éxito pasa por la coordinación internacional. Los paraísos fiscales, por su opacidad, son un refugio blindado jurídicamente donde los grandes capitales —y los mafiosos y los terroristas— se esconden. Así evitan pagar impuestos o enturbian sus cuentas para no demostrar pérdidas. Los paraísos fiscales son los agujeros negros que se comen hospitales, escuelas, becas, pensiones, seguros de desempleo, obras públicas... Son incompatibles con la democracia económica. Son zonas marrones en las que el Estado de derecho deja paso a comportamientos feudales. El dibujante El Roto, activista involuntario del 15-M, lanza su propuesta: «Para acabar con la crisis solo tenéis que invadir cualquier paraíso fiscal».

No menos responsabilidad tienen las *agencias de calificación*, culpables en buena medida de la crisis. Es obligatorio establecer, a través de comités de investigación independientes, su responsabilidad en la crisis. En segundo lugar, hay que *crear una agencia pública de calificación*. Estas agencias, que son empresas privadas, son las encargadas de poner nota a los productos financieros. En los años anteriores a la crisis, vieron sus resultados económicos multiplicados, pues eran las encargadas de puntuar los nuevos productos financieros (a los que dieron las mejores calificaciones, para que fueran así más atractivos). La crisis tampoco les afectó, creciendo hasta un 35 por ciento en 2010 en el caso de Moody's.

Esas agencias evalúan la deuda de los países, organismos o sectores financieros y, al mismo tiempo, trabajan para los particulares que compran deuda o que, incluso, calculan su negocio contando con que la calificación de un país va a bajar, lo que lleva a encarecer el precio de sus préstamos y, por tanto, aumentar su volumen de negocio. De hecho, son sus propios clientes los que pagan por la calificación: si alguien te debe dinero, pides a una de estas tres empresas (Moody's, Fitch y Standar&Poor's controlan el 80 por ciento del negocio) que califique a la persona que te debe dinero y, tras ser señalada como «poco solvente», automáticamente tiene que pagarte más intereses por el dinero prestado. Con una parte del dinero obtenido pagas a la agencia de calificación. El resto, te lo embolsas. Así, ¿quién tiene necesidad de madrugar para ir al trabajo?

PROPUESTA_14

"Ellos son el capitán. Nosotros somos el mar" (cartel colgado del carrito de un niño, manifestación del 15-M)

Hay que frenar la impunidad de la economía. Las empresas que declaran beneficios no deberían poder anunciar al mismo tiempo despidos. Una ley tendría que prohibir la reducción de plantillas en empresas que estén obteniendo resultados millonarios. La empresa es el lugar en el que confluyen el empresario, los trabajadores y los medios con los que se realiza la actividad. «La reducción constante del trabajador a un mero apéndice de los beneficios del empresario va contra la democracia», dicen los indignados. De la misma manera, la empresa no es simplemente un lugar de valorización de las inversiones. El Estado debe utilizar sus capacidades para incentivar el desarrollo de las empresas, de manera que su competitividad no esté vinculada a bajos salarios, sino a su desarrollo innovador. Debe castigarse impositivamente a las empresas con comportamientos asociales y ofrecer beneficios a aquellas que cumplan con los principios de responsabilidad social que les corresponde generando empleo de calidad y bienes de interés colectivo.

PROPUESTA_15

"El FMI nos jode a tod@s, no solo a las camareras" (cartel portado por dos jóvenes en una de las asambleas generales después del 15-M)

La «contabilidad creativa» que permite la globalización, la falta de regulación de los movimientos financieros y su complejidad (productos derivados), el trasvase entre las tareas de gobierno y la gestión de empresas son elementos que vacían las arcas del Estado e impiden el mantenimiento de los estados sociales. Todo esto sin olvidar que los problemas son globales y necesitamos soluciones globales. De nada sirve solventar las dificultades propias si cargamos los remedios sobre los hombros de otros países. La solidaridad con los pueblos más castigados está presente en el movimiento 15-M desde el principio. Solidaridad con los inmigrantes que llegan a Europa, porque en sus países la globalización ha hecho que se les cierren todas las salidas. Solidaridad con los países aún encadenados a una deuda ilegítima y que ya han pagado varias veces. Solidaridad con los estados que se ven estrangulados de manera aún más nociva por las instancias financieras internacionales y los organismos económicos de la llamada *gobernanza global*.

Ahora sabemos con más claridad que lo que el Banco Mundial, el Fondo Monetario Internacional o la Organización Mundial del Comercio hacían en esos países es lo mismo que actualmente pretenden aplicarnos a nosotros. Es obligatorio democratizar las instancias financieras internacionales, dando cabida en sus órganos de gestión a países emergentes y a representantes de la sociedad civil. Es la misma lucha y la solución nos corresponde a todas y todos en cualquier lugar del mundo en el que el neoliberalismo extienda sus tentáculos. «El enemigo —un trozo de cartón y un rotulador grueso habían armado el mensaje— no viene en patera: viene en limusina.»

PROPUESTA_16

"Cerrado por revolución. Disfruten las molestias" (cartel cruzado en la puerta de una casa de cambio en la calle del Carmen de Madrid)

Al ser el dinero un producto de enorme rentabilidad, las innovaciones en torno a su uso han crecido exponencialmente, hasta convertirse en algo difícilmente comprensible incluso para los expertos. Parte del negocio tiene que ver con su colocación especulativa en diferentes lugares (a veces solo durante minutos), con el simple fin de generar cambios diferenciales que se conviertan en beneficios, aunque eso signifique el hundimiento de economías nacionales, despidos, incremento de los tipos de interés y perjuicios generales para las personas que no tienen la capacidad de movimiento que tiene el dinero. De ahí que sea urgente establecer una tasa a los movimientos especulativos de capital, de manera que se pueda gravar un tipo de actividad económica que no crea riqueza y que contribuye a los desequilibrios macroeconómicos de los países. Este impuesto ayudará también a incrementar las arcas públicas, fondos que deben utilizarse para fines sociales. Enfrente de estas decisiones hay poderosos intereses que han conseguido doblegar al mundo de la política. Solo queda contraponerles la calle mientras una nueva idea de la democracia logra fuerza suficiente.

«Hemos aprendido que si abandonamos la lucha, regresan las mismas soluciones. Ahora es diferente: aprendimos de nuestros propios errores. Hemos llegado para no marcharnos», explicaban en una intervención por megáfono en la comisión de economía, en Valencia, el 18-M. En Cádiz, un cartel resumía la propuesta: «Parados: ¡moveos!».

PROPUESTA_17

"No somos mendigos: practicamos para el futuro" (rotulador negro sobre cartón de embalaje de leche, pegado sobre el cierre de un establecimiento de lotería, calle Espoz y Mina de Madrid)

Los indignados se oponen al «pacto del euro» y su insistencia en una salida neoliberal a la crisis. Mantienen que los responsables de la Unión Europea quieren cargar sobre los hombros de los trabajadores las soluciones a la crisis económica. Pero esta es estructural. Los remedios basados en empeorar las condiciones de los más débiles solo tienen como escenario de futuro repetir en Europa las condiciones laborales de China, haciendo crónico el problema al frenar constantemente el consumo y la recuperación económica. Es un error aumentar los impuestos indirectos, que pagamos de manera igual entre todos, y rebajar los directos, pues de esa manera se rompe la progresividad del sistema impositivo. Nos posicionamos en contra del copago sanitario (que en verdad implica pagar dos veces por lo mismo), de la disminución de las prestaciones sociales y del reimpulso a las privatizaciones (agua, loterías, televisiones públicas, transportes). El control constitucional del déficit es una aberración política. El endeudamiento real corresponde a los particulares, y más en concreto a las empresas. Desviar la vista hacia las administraciones públicas es un fraude que busca debilitar aún más el sector público.

EDUCACIÓN PARA INDIGNARSE

«¿De qué me sirven dos carreras, un máster,
un perfecto inglés y francés y dominio informático,
si nadie me ha ofrecido todavía el primer trabajo de mi vida?»

«¿Quieres educarte para que te exploten con mayores garantías en el mercado de trabajo o buscas desarrollarte integralmente como persona? Mientras las escuelas concertadas y religiosas lavan su cara con dinero de todos, la escuela pública se está abandonando. ¿Qué fue de la enseñanza laica consagrada en la Constitución? Si la enseñanza no es universal, sino privada, ¿cómo garantizar el respeto a la convivencia y los derechos y libertades fundamentales para todas y todos? El Plan Bolonia asestó un duro golpe a la universidad pública. La Estrategia Universidad 2015 terminará la tarea. Y mientras, la red sigue su vertiginosa carrera horizontal, contaminando al movimiento con su democracia desde abajo y desdiciendo con la práctica las limitaciones de las leyes que pretenden poner cortapisas a internet. ¿Y los medios de comunicación? ¿Les llevará la explosión digital del 15-M a alguna reflexión?» (reflexión de estudiantes universitarios de Juventud Sin Futuro en la acampada de Sol)

PROPUESTA_18

“No estamos llamando a la puerta: la estamos tirando” (valla del edificio Tío Pepe, Puerta del Sol)

El conocimiento es la más relevante de las mercancías. Y controlar la formación y gestionarla se ha convertido también en un negocio lucrativo. De manera que la educación se está privatizando: primaria privada, colegios privados, universidades privadas, institutos de posgrado privados. O centros públicos que se ponen en manos de las empresas o de particulares sacrificando el interés colectivo. Universidades que plantean no elegir a sus rectores, decanos, directores de departamento, y poner en su lugar gerentes con criterios empresariales. El trabajo universitario se pone al servicio de la empresa y se precariza. Mal futuro para unos becarios que deben encargarse de tareas cada vez más específicas, mientras que sus sueldos cada vez son más precarios.

Los jóvenes indignados piden revisar el Plan Bolonia y su absurdo intento de aplicarlo a coste cero. Igualmente, hay que retirar la Estrategia Universitaria 2015 y abrir un proceso de discusión con toda la comunidad universitaria. Debe iniciarse un debate público sobre el futuro de la universidad y someter a referendo las medidas que afecten al conjunto de la comunidad universitaria.

Sin inversión en el futuro, este estará descapitalizado. Por eso proponen aumentar el número de becas, suprimir las becas préstamo y trasladar a la sociedad que los estudios humanísticos no brindan su retorno a la sociedad en forma de patentes industriales, sino en la creación de una ciudadanía crítica y con músculo moral para defenderla de los que quieren convertirla en un mercado reduciendo a las personas a meros clientes o productos.

PROPUESTA_19

"Gracias, mamá: esto es lo que me has enseñado" (cartel en una tienda de campaña en la Puerta del Sol)

La polémica entre la fe y la razón pertenece al siglo pasado. El conocimiento reclama objetividad, método, experimentación y lógica. La fe no puede frenar el desarrollo científico ni la verdad revelada puede ocupar el lugar de las leyes de la ciencia. Con este argumento, en las asambleas han propuesto que es momento de revisar el Concordato con la Santa Sede, negociado antes de que se aprobase la Constitución, de manera que se garantice una educación laica que apueste por los valores humanistas, el respeto, el rigor científico y el pluralismo. Para ello es necesario derogar el acuerdo sobre enseñanza y asuntos culturales entre el Estado español y la Santa Sede.

Se trata de conseguir una educación pública, gratuita y laica en todas las etapas. Para ello se deben eliminar progresivamente los conciertos educativos, hasta su total desaparición. Si hay dos tipos de enseñanza, es muy fácil que una sea mejor que la otra y que eso ocurra también con la formación de los estudiantes.

Las leyes educativas tienen que estar libres también de los intereses particulares articulados en torno a los proyectos de los partidos políticos. Las leyes de educación deben ser elaboradas por los agentes educativos. Esto llevaría a un incremento del número de profesores contratados, de manera que también se mejore la ratio profesor/alumnos en las aulas y se pueda atender a grupos de desdoble y de apoyo.

Si la ciudad debe descentralizar la política por sus barrios, es necesario crear los cauces necesarios para que la cultura llegue a cada plaza, barrio, pueblo, ciudad o comunidad virtual.

PROPUESTA_20

"¿Qué les vas a decir a tus hijos cuando te pregunten? ¿Qué, estabas viendo la tele?" (pancarta colgada de una cuerda al lado de la estatua de Carlos III, más conocida en el campamento como "el caballo")

El movimiento 15-M ha sido crítico con los medios de comunicación. En el campamento de Sol se puso un cartel en el que se podían consultar los periódicos. Lo llamaron «Rincón de las Mentiras». Desde la primera manifestación estuvo presente el recelo con los medios de comunicación: «Desde arriba nos mean, los diarios dicen que llueve», podía leerse en varias pancartas. El descontento con los medios tiene que ver con la demonización de los jóvenes. ¿No han sido los medios los que han creado la categoría «nini»? Un adolescente construye un cartel sobre un trozo de cartón y se lo cuelga del cuello con una cuerda que ha conseguido en la comisión de infraestructura: «Sin botellón no nos sacan en televisión». Pero los medios tienen un pacto de connivencia con la política. Aunque al final los políticos estén optando por hacer ruedas de prensa sin preguntas, ¿se nota la diferencia? Más carteles siguen insistiendo en el alejamiento de la ciudadanía y la política: «Si la política es un chiste, ¿por qué no nos hace gracia?». Aunque quizá uno de los resúmenes más acertados del problema lo expresa un cuarentón que porta una pancarta hecha con esmero: «Detrás de cada corrupto hay seis tertulianos». En muchos medios de comunicación, incluido el reparto interesado de licencias de televisión digital terrestre, cada vez se opina más y se informa menos.

Un veterano periodista ha resumido el paso cambiado de los medios de comunicación, que tuvieron que esperar a la prohibición por parte de la Junta Electoral de la convocatoria en la Puerta del

Sol para darse cuenta de la importancia del movimiento: «Los medios de comunicación debemos hacer una reflexión profunda y preguntarnos si estamos jugando en la cobertura del movimiento del 15-M el papel que nos corresponde. Si le dimos al surgir la importancia que tenía o no lo hicimos. Si fue por un error profesional o por ceguera o prejuicios ideológicos. Preguntarnos si, por prepotencia intelectual, no hemos ignorado al principio y despreciado y condenado después a un movimiento que con tanta fuerza ha prendido en la sociedad española. Preguntarnos, en fin, si estamos cumpliendo con el deber de informar a nuestros lectores con lealtad, objetividad y ecuanimidad y de opinar con argumentos y razones y no con prejuicios, corsés previos y diatribas».

Para evitar repetir errores, para que los medios dejen de convertirse en portavoces de una democracia que no representa a la ciudadanía, el movimiento de los indignados ha establecido sus propuestas. En primer lugar, la cobertura en los medios de comunicación de contenidos informativos que ayuden al ciudadano a entender la realidad que nos rodea y a tener una mayor conciencia crítica. Los comités de redacción no pueden ser filtros ideológicos. Asimismo, hay que poner límites efectivos a la concentración de medios de comunicación, pues la acumulación de estos en manos de grupos financieros y de poder pone en grave peligro la libertad de información. Si dos partidos no representan a la sociedad española, unos pocos *holdings* mediáticos tampoco pueden informar con la pluralidad adecuada. Se plantea también un mayor desarrollo de la cláusula de conciencia que proteja la independencia del periodista, de manera que no esté sometido a las presiones de publicistas, políticos, empresarios o jefes. Para ello, finalmente, es necesario acabar con la precariedad del trabajo periodístico, que permitirá mayores garantías para un desarrollo profesional independiente.

Camino del metro de Ópera, sobre un árbol, podía leerse: «Sin tele ni cerveza, toma la plaza con cabeza».

LOS RIESGOS DEL MUNDO

«Decrece, decrece, que el mundo perece»

«Menos capullos y más mariposas», que no nos estamos dando cuenta de que no vamos a poder comer ladrillos, automóviles ni chips, que el mundo está perdiendo biodiversidad y preferimos tubos de escape y plásticos a abejas y mariposas, que tomamos basura y lo llaman comida, que los coches invaden el espacio de los peatones y de las bicis, que no tiene sentido producir ecológicamente y luego transportar esos bienes a miles de kilómetros y seguir contaminando, que queremos saber qué consumimos y estamos hartos de transgénicos escondidos en etiquetas falsas, que el campo no es una postal, sino el lugar donde está lo que nos alimenta, que no podemos esperar catástrofes como Fukushima para entender que las nucleares matan, que hay que gastar menos energía y que esta debe ser renovable. O consumimos responsablemente o nos consumimos nosotros. Nos toca decrecer en muchos ámbitos. Reinventemos nuestras ciudades. Mimemos el agua. Dejemos de ser clientes y seamos ciudadanos. Hagamos de los mercados plazas públicas limpias y saludables. Como decía un mensaje en una de las tiendas de campaña del 15-M: «Estamos cambiando el mundo: disculpen las molestias».

PROPUESTA_21

“Me gustas, democracia, pero estás como ausente” (cartel en la calle Alcalá)

Es muy difícil que los partidos asuman este mandato: los países ricos tienen que reducir el consumo de muchos bienes. Principalmente, de energía. Las guerras que hemos conocido han sido causadas por el afán de controlar el petróleo. El modelo de consumo que tenemos se eleva sobre la devastación de la tierra, sobre un holocausto animal y sobre montones de cadáveres de otros seres humanos. Consumir es el único horizonte en un modelo de vida que necesita sacar más y más de la tierra aunque la tierra grite y se queje; que se sostiene conquistando países para apoderarse de sus hidrocarburos y, más pronto que tarde, de su agua; que condena a las otras especies a una vida atroz solo para que alguien aumente su cuenta de resultados cuando venda en el mercado su carne o sus pieles.

Cada vez que consumimos cualquier cosa, debemos ser conscientes de las consecuencias de nuestro consumo. De dónde proviene y adónde van los residuos. No es igual un alimento que proviene de una producción industrial basada en el monocultivo, en el uso intensivo de la tierra, en el abuso de fertilizantes, plaguicidas y energías contaminantes que los bienes que se adaptan a los ciclos de cultivo que se han ido construyendo a través de millones de años. Es urgente asumir y exigir la responsabilidad histórica que nos corresponde, como parte de los países desarrollados, en el calentamiento del planeta, y por ello, un compromiso firme en la reducción de las emisiones de CO_2. No podemos decir a los países pobres que consuman menos, mientras nosotros, aun con todos los problemas, consumimos en los cuatro primeros meses del año todo lo que nuestra superficie puede regenerar en doce meses. Sabemos que la Amazonía es esencial como pulmón del planeta. Tenemos que hacernos cargo de los costes que implica cuidarla.

PROPUESTA_22

"Si es bueno para ti, no es bueno para nosotros" (cartel imitando la propaganda del PP)

Hay que prohibir los alimentos transgénicos, tanto importados como producidos en el país. El «principio de precaución» es una garantía de supervivencia: si no sabes los efectos, no lo uses. Y hay que acabar con el monopolio de las grandes superficies, que doblan el brazo a los productores y les obligan a abaratar precios aunque con ello pongan en riesgo la salud de los consumidores. Es lo que hacen cuando gastan millones de litros de combustible en transportes para llevar mercancías de un lugar a otro. Es lo que hacen cuando los ciclos de la tierra son más lentos que los ciclos de rentabilidad del dinero. Una pancarta amenazaba culinariamente: «Los ricos están ricos: cómetelos».

PROPUESTA_23

"La ignorancia del ciudadano da la victoria a los tiranos" (cartel en la comisión de biblioteca, acampada de Sol)

El horizonte es consumir menos energía y que, además, sea menos perjudicial para el medio ambiente. La apuesta por la energía nuclear, que estaba recibiendo un gran apoyo empresarial —acompañado por políticos ganados para el lobby nuclear—, ha sufrido un duro golpe tras el desastre de Japón. La respuesta en Alemania, apoyada por todos los partidos, ha sido inmediata. Sin embargo, en España la presión se mantiene. Debe abrirse un referendo sobre el uso de las centrales nucleares y el carbón, pues además de servir para tomar una decisión definitiva, serviría para concienciar a la población acerca del costo del uso de energías no renovables.

PROPUESTA_24
"Chorizo ibérico: liquidación" (bolígrafo azul sobre cartulina roja, Salamanca)

Es una obligación urgente cambiar el modelo, fomentando la alimentación que viene de la agroecología mediante el consumo local, ecológico y sostenible. Hay que romper ese anonimato del gran centro comercial que nos convierte a todas y todos, tarde o temprano, en mercancías. En las ciudades, necesitamos volver a consumir en el barrio para ser conscientes de las consecuencias de nuestro modelo de vida. La visión idílica de la globalización ha obviado las consecuencias nefastas de hacer del mundo un mercado unificado. Hay que apostar por un consumo ligado a las exigencias de la tierra a largo plazo, que son las que garantizan el futuro a las generaciones que aún no han nacido.

Frente al *agrobussines* global, hay que apostar por la producción y el consumo locales. Por eso hay que subvencionar las explotaciones ecológicas, apoyar los huertos comunitarios, gestionar las tierras improductivas o abandonadas e impulsar las redes de distribución de los pequeños productores comprometidos con la agroecología. Vacas locas, pollos con dioxinas, truchas o salmones de piscifactorías envenenados, miel con residuos químicos, verduras con bacterias, leche contaminada... La salud alimentaria es incompatible con la búsqueda inmediata del lucro del modelo neoliberal, que rompe las fronteras pero deja una huella ecológica imborrable.

Este proyecto, como ocurre con todas las transformaciones sinceras, implica un cambio radical del modelo. El movimiento 15-M ha conectado con las otras miradas sobre el planeta que vienen de todas partes del mundo. El consumo desaforado de carne en el Norte rico se paga con la conversión del agro del Sur en un enorme campo de soja dedicado a alimentar al ganado destinado a los países poderosos.

Como la tierra es una, ese modelo termina volviéndose en contra de los propios estados ricos. De ahí la importancia de aprender otras formas de desarrollo desconectadas de la lógica mercantil. No se trata de regresar a ningún tipo de primitivismo, sino de vincularse con la sabiduría de la tierra y desligarse de un sistema que exige resultados económicos a corto plazo y no sabe atender a las necesidades del futuro sino cuando los daños son ya irreversibles.

El Acuerdo de los Pueblos, salido de la Conferencia Mundial sobre el Cambio Climático y los Derechos de la Madre Tierra, en Bolivia, resume estos planteamientos: «Este régimen de producción y consumo busca la ganancia sin límites, separando al ser humano de la naturaleza, estableciendo una lógica de dominación sobre esta, convirtiendo todo en mercancía: el agua, la tierra, el genoma humano, las culturas ancestrales, la biodiversidad, la justicia, la ética, los derechos de los pueblos, la muerte y la vida misma (...). La humanidad está frente a una gran disyuntiva: continuar por el camino del capitalismo, la depredación y la muerte, o emprender el camino de la armonía con la naturaleza y el respeto a la vida. Requerimos forjar un nuevo sistema que restablezca la armonía con la naturaleza y entre los seres humanos. Solo puede haber equilibrio con la naturaleza si hay equidad entre los seres humanos». Por eso reclamamos la apropiación del espacio público para aumentar la conciencia del deterioro medioambiental, llevando a los barrios un modelo alternativo de ciudad, desmercantilizando las plazas, creando huertos urbanos, haciendo talleres de reciclaje y tratamiento de residuos con el fin de ser conscientes de la huella ecológica que dejamos. Por eso hemos salido a la calle: «Somos la levadura que levantará la masa».

Y LA REVOLUCIÓN FUE EN FEMENINO

«Tengo 57 años. ¡Hoy por fin parece que tengo 17! ADELANTE: esto es de todas»

«El feminismo hoy se lee de una manera diferente a como lo hacían las generaciones mayores. Ocurre lo mismo que con la política. Hay cosas que ya no se discuten, que se dan por sabidas, que no pertenecen a un campo de lucha tan claro. La mayor libertad de la gente joven nos lleva a una mirada que no está encadenada a los estereotipos. En la Puerta del Sol se habla un lenguaje inclusivo. Podemos hablar de "nosotras" y que sea un hombre el que utiliza la expresión. Pero queda mucho por construir. De hecho, en la propia acampada de Sol hemos vivido la reproducción de los escenarios machistas, la repetición de roles, la falta de respeto de quien cree que determinadas tareas corresponden a las mujeres mientras los hombres piensan que tienen derecho a ser atendidos. Por eso, queremos el compromiso de hombres y mujeres para la construcción de una sociedad en la que no tenga cabida la violencia machista. Y esta empieza por el propio lenguaje» (charla de un grupo de acampados, junto al cartel en la comisión de feminismo: «La revolución será feminista o no será». Puerta del Sol)

PROPUESTA_25

"Estoy buscando mis derechos. ¿Alguien los ha visto?" (bolígrafo sobre papel blanco, pegado sobre un palo y portado por una mujer joven en la manifestación del 15-M)

Hay quien no entiende que la defensa de los derechos sociales es una reivindicación feminista. Como si hubiera que colocar en primer lugar cuestiones que afecten en exclusiva al género. Los derechos de las mujeres se defienden mejor en sociedades regidas por la justicia y la equidad. Por eso, decir que no somos mercancías es un primer paso necesario para avanzar hacia la igualdad de hombres y mujeres. Ahí hay una revolución pendiente.

Porque el trabajo en casa es un trabajo doble que, además, no está reconocido en ningún lado. La asignación a las mujeres del papel de cuidadoras libera a los hombres de esa responsabilidad y a la economía de ese coste. Esto se agrava en las mujeres migrantes, por lo que se exigen papeles para todas ellas de manera que puedan disfrutar de todos los derechos. La inclusión de un enfoque feminista en las políticas económicas, en los servicios públicos, en la creación de otro modelo de ciudad y en las políticas ambientales será un refuerzo de gran importancia para encontrar salidas a la crisis.

Sobre los derechos, en las comisiones de la indignación se incluye también el del aborto, que no puede seguir tipificado como delito regulado dentro del Código Penal, siempre y cuando no se realice contra la voluntad de la mujer o por imprudencia o negligencia médica. Le corresponde al sector público ocuparse de la interrupción voluntaria del embarazo, rompiendo la absoluta inclinación hacia el sector privado (el 97 por ciento de los abortos se realizan en clínicas privadas). Igualmente, debe regularse la objeción de conciencia del personal sanitario. Como en el conjunto de las propuestas, la solución más profunda pasa por cambios de conciencia, hábitos, culturas... Para eso, debe impartirse educación en salud sexual y reproductiva de manera obligatoria y transversal con perspectiva de género, en pro del derecho a una sexualidad independiente de la reproducción, que cuestione la maternidad como destino necesario de las mujeres o como su identidad principal y ayude a vivir la sexualidad desde las diferentes opciones.

A corto plazo, las más vulnerables son las mujeres que se dedican a la prostitución. Por eso, la atención debe centrarse en ellas. Las ordenanzas que criminalizan a las personas que ejercen la prostitución deben ser derogadas. Deben igualmente garantizarse los derechos de las personas que se dedican a ejercerla. Especial atención deben tener las mujeres que son víctimas de trata de seres humanos, a las que se hay que dar protección sin que sea necesaria la denuncia para ello. La defensa de los derechos humanos de las víctimas debe acompañar a la persecución de las mafias. Así, las víctimas de trata de seres humanos no deberían ser expulsadas del país por no tener los papeles en regla. Al contrario, tendrían que recibir asilo político por ser víctimas de la explotación.

En la revolución ética del 15-M se decidió hablar en femenino. Nadie buscaba arena en ningún adoquín. Lo que buscaban, eso sí, es poder respirar de lo mismo, la igualdad por encima de todo.

Epílogo

En la revuelta social de los indignados las protestas son un medio, no un fin. Tienen razones para exigir los cambios. El tiempo de los ciudadanos se enfrentará, en lo que serán todavía momentos económicos muy duros, al poder unilateral de los mercados. Su palanca será clave para poner orden incluso en los gobiernos. Cada instante es decisivo y es difícil conocer la importancia del presente en el futuro. Los acampados del 15-M se han levantado. Los nuevos *hashtags* pasan por #solsemueve, #solnosepara y, sobre todo, #nosexpandimos. Los ciudadanos continuarán en las asambleas populares en la calle y en las redes sociales. En las páginas www.tomalaplaza.net, www.democraciarealya.es, www.tomalacalle.net, www.tomalosbarrios.net o www.juventudsinfuturo.net, irán actualizando el día a día de las movilizaciones y el trabajo del contenido de las propuestas.

Las acampadas en decenas de ciudades han unido a los indignados. Se ha desatado, como lo denominó Martin Luther King, la ruptura del escandaloso silencio de las buenas personas. Si hubiera que ponerle música, la *Obertura 1812* de Tchaikovsky fue escrita para celebrar la resistencia frente a un ataque desproporcionado. La mayoría de las versiones de la marcha triunfal incluyen cañonazos reales, excepto la partitura original de esta pieza romántica. Creada para interpretarse en un espacio abierto, esa es la versión del 15-M. La igualdad, triunfal, sin los cañones. En la Puerta del Sol, al pie del caballo de bronce, una nueva placa reescribe la historia recién estrenada: «Dormíamos. Despertamos. Plaza tomada».